오일장 떠돌이 장수 안효숙의 희망통신

나는 자꾸만 살고싶다

추천의 글

착하고 끈질기고 아름다운 사람, 안효숙

도종환 / 시인

원래 장터란 온갖 사람과 물건이 모이는 곳이다. 닷새 만에 한 번 사람들은 소식을 가지고 오고, 팔고 살 물건을 이고 지고 모이며, 돈이 주머니에 들어왔나 흘러나가고, 삶의 애환과 떠들썩한 사람살이의 온기가 모여서 가마솥처럼 끓다가 그 온기를 한 그릇씩 퍼마신 사람들이 지는 저녁노을을 등에 받으며 다시 흩어지는 곳이다. 거기서 세상 돌아가는 이야기를 듣고 세상을 익히며, 거기서 더 큰 세상으로 나갈 꿈을 꾸기도 하고, 사람들과의 관계를 맺어 나가기도 한다. 의병을 모아 깃발을 들거나 수백 수천 명씩 모여 만세를 부르며 식민지의 삶에서 벗어나고자 몸부림치는 일도 다 장날을 택하였다. 장터가 우리 삶의 큰 마당이었기 때문이다.

이제 그런 사람사이의 관계의 마당이며 삶의 큰 장터이던 오일장이 자본주의의 도시화, 산업화, 물량화의 거대한 물결에 휩쓸려 사라져 가고 있는 요즈음, 오일장을 찾아다니며 물건을 파는 이들에게는 무엇이 남아 있을까. 아직도 옛날의 사람살이 냄새가 뜨끈한 국밥국물과 함께 가마솥 가득 끓고 있을까. 가지고 온 곡식을 흥정하는 소리가 활기에 차 넘치고, 술 한잔에 얼근해져 돌아가는 가장의 손에 고등어 한 손 들려 있을까.

오일장 장터를 돌며 쓴 글인데 한 번 읽어 봐 달라고 해서 나는 위와 같은 반쯤은 낭만적인 생각으로 이 원고를 받아들었다. 너무 오랜 동안 소식을 모르고 있다가 갑자기 받은 전화라서 그동안 시를 쓰던 안효숙 씨가 어떻게 지냈는지 몰랐기 때문에 웬 장터이야기인가 했다. 미리 시간을 기다리고 있는 원고들을 마감하고 늦게야 원고를 읽다가 그만 나는 여러 번 울고 말았다.

IMF의 거대한 해일에 난파한 조각배가 되어 풍랑과 비바람에 찢길 대로 찢겨 몸부림치면서 겨우 목숨 하나 건져 오지의 장터로 떠밀려 온 삶이 거기 고스란히 들어 있었다. 이렇게 모든 것을 다 잃고 처절하게 견디며 살아오고 있는 줄은 몰랐다.

생활정보지를 보고 찾아갔다가 차량행렬 사이에 서서 면도기를 팔기 위해 서 있을 때의 심정을 써 내려간 글을 읽다가 울었다. 거리에서 빵을 구워 팔다가 남은 밀가루로 날마다 수제비를 끓여 먹을 때의 이야기를 읽다가는 마음이 아파 원고를 밀쳐놓았다. 가족이 해체되어 혼자 살면서 행여 말을 잃어버리면 어쩌나 싶어 “아가야, 엄마, 엄마가 끓여준 칼칼한 김칫국 먹고 싶어. 비 온다. 비가 와. 나 이젠 잔다. 나 지금 밥 먹어, 나 지금 울고 있어.” 하고 말 연습을 했다는 이야기를 읽다가 또 눈물이 났다.

나도 어린 시절 그렇게 가족이 해체되어 혼자 지낸 날이 길었다. 저녁마다 수제비를 끓여 먹던 시절이 생각났고 그 몸서리치던 가난과 외로움이 떠올랐다. 그러나 나를 친척집이나 객지의 낯선 방에 혼자 있게 버려 둔 가난한 부모에 대한 원망이 아직도 마음 저 깊은 곳에 떠나지 않고 남아 있는데 안효숙 씨 글을 읽다가 비로소 그때 내 부모의 마음도 이러했을 텐데 하는 생각을 하게 되었다. 그래서 한참동안 원고를 덮고 창 밖을 내다보았다.

보일러 기름이 떨어진 겨울날 아이들과 함께 김밥놀이를 하자고 장롱 속에 있는 이불을 꺼내 돌돌 말아 넣고 계란 후라이 덮는다고 담요를 덮어준 뒤 아이들에게 탈무드를 읽어주며 잠을 재우고는 정작 자기는 뼛속까지 시려오는 추위를 견디며 잠을 이루지 못하던 이야기를 읽으며 일본작가 구리 료헤이의 『우동 한 그릇』을 떠올렸다. 아니 딸아이가 쓴 '엄마에게 드리는 글'에 들어 있는 "이 다음에 크면 엄마에게 비단신 신겨드릴 거예요." 하는 시는 『우동 한 그릇』에 나오는 동생 쥰이의 글보다 나를 더 울렸다.

일본 국회 예산심의위원회에서 대정부 질문을 나섰던 공명당의 오쿠보란 의원이 질문 대신 난데없이 『우동 한 그릇』을 읽었고 여당의원이건 야당의원이건 여기저기서 손수건을 꺼내 흐르는 눈물을 닦았다는 이야기를 우리는 알고 있다. 그러나 우리가 어떻게 얼마나 처절하게 IMF라는 거대한 해일을 견디고 이겨냈는지 우리는 이 책 한 권으로 보여 주고도 남을 것 같다. 이 책을 읽는 어떤 사람도 눈물 없이는 다음 페이지를 넘기지 못할 것이다.

그러나 안효숙 씨네 가족이 그런 처절한 가난을 겪었다는 데 이 책의 미덕이 있는 게 아니다. 저자는 그 가난과 절망 앞에서 이렇게 말한다.

"살아가면서 단 한 번도 희망을 놓은 적은 없다. 한 발자국 뒤로 물러서면 절벽 아래로 떨어질 상황이었을 때도 나는 한 번도 희망을 놓은 적은 없다. 살아가다 보면 더 없이 아름다운 세상을 만날 수 있을 거라고 고집스럽게 믿었다. 돌아보면 사방이 꽉꽉 박힌 벽이었을 때도 잠시 숨을 멈추고 기다렸다. 벽이 열릴 때까지. 하늘은 스스로 돕는 자를 돕는다고 외치면서. 나는 자꾸만 자꾸만 살고 싶다."

삶에 대한 치열한 의지, 뜨거운 용기와 끝까지 희망을 포기하지 않으려는 이 고집스러운 자세가 그를 다시 일으켜 세우고 있는 것이다. 길거리에서 빵을 만들어 팔면서, 장터를 돌며 물건을 팔면서도 거기서 희망을 다시 채우는 힘을 만들어 내는 이런 태도가 그를 다시 일으켜 세우는 것이다. 그러나 그런 희망과 의지를 가지고 있다는 것만으로 안효숙 씨를 훌륭하다고 말할 수만은 없다. 그녀가 정작 아름답고 따뜻한 사람이라는 걸 알게 되는 건 장터에서 만나는 사람들을 대하는 그녀의 태도와 마음가짐이다.

"그 굴다리 밑에 쥐약 파는 아저씨가 내 스카프를 주워들고 계신다. 그 옆으로는 빨래집게와 실타래 등속을 파는 아줌마, 눈만 빼꼼 내놓고 목도리 둘둘 감은 채 꽁꽁 얼다시피 한 감 몇 개 놓고 앉아 계시는 할머니가 보인다. 한바퀴 둘러본 내 눈길이 닿은 곳은 연탄불 화덕 위에 얌전히 올라 있는 흰 가래떡. 천 원에 여섯 개다. 옆자리에 있는 아주머니들 하나씩 잡숴 보시라고 가래떡을 돌렸다. 그런데, 아주머니들 모두 어린아이마냥 콧물을 흘린다. 추워서 절로 흐르는 콧물을 닦아내는 손등들은 죄 터져 있고 손마디 끝은 쩍쩍 갈라져 있다. 열 분 중 일고여덟 분은 모두 이런 손을 지니고 있다. 알토란 같은 자식 끼고 살

아내기 위해서 얼마나 애를 썼던 손들인지. 이런 날 서로 쳐다보고 있으면 눈물이 난다.”

저자의 말대로 “시장에서 만나게 되는 가장 아름다운 풍경은 뭐니 뭐니 해도 사람과 사람 사이에 오가는 정이 만들어 내는 풍경이다.” 그녀는 장터에서 만나는 노가리아저씨, 과일장수 아주머니, 깻잎을 팔러 나온 아주머니, 도토리, 찹쌀가루, 밤, 고구마를 펼쳐 놓은 할머니, 구두수선 아저씨, 티셔츠를 팔러 나온 부자, 쥐약이나 바퀴벌레약을 파는 사람 등 이런 노점상, 행상, 보따리 장사꾼들 하나하나의 모습 속에서 인생을 배우고 살아가는 데 가장 필요한 것이 무엇인가를 깨우친다. 그리고 이들 모두에게 늘 감사해 하고 자기 물건을 파는 일보다 그들의 고무줄, 그들의 생선, 그들의 번데기와 미꾸라지를 더 팔아주려고 신경을 쓴다. 못나고 가진 게 없고 가난한 사람들을 만나지만 그들에게서 사람의 향기를 발견하고 우리들에게 전해준다.

그렇게 사람들을 만나고 자기의 일에 만족하며 오늘도 영동장, 옥천장, 청산장, 신탄장, 금산장, 상주장을 돈다. 그녀는 오늘도 옥천 농협 계단 한쪽 편에 좌판을 펼치고 앉아 있다. 도로변에 감나무가 줄지어 심어져 있는 영동읍의 장거리에서 화장품을 팔고 있고, 테미고개 금요장에 가면 그녀를 만날 수 있을 것이다. 행여 장터에서 이 착하고 끈질기고 아름다운 사람을 만나시거든 좌판에 펼쳐진 화장품 몇 개 말 없이 사 가지고 오시라. 거기서 인간의 아름다운 향기를 맡게 될 터이니.

책머리에

다시 희망을 길어 올리며

하던 사업의 실패로 모든 것을 잃게 되었던, 다시는 떠올리고 싶지 않은 무섭고 추웠던 오래 전 겨울.

경매날짜를 받아놓고 전기도 보일러도 모두 끊긴 깜깜한 거실에 무릎 조아리고 몇 날이고 앉아 있는데 떠오르는 생각은 오직 하나. 다시 시작해야 하는데, 힘을 합해 다시 시작해야 하는데…….

어린 몸뚱이들 뉘일 곳 없어 아이들을 할아버지 댁에 맡기고 돌아서는데 이러다 혹 일이 잘못되어 아이들을 찾아올 수 없는 상황이 된다면…. 아, 아니다, 안 된다, 스스로도 놀랄 현실에 발이 땅을 딛고 있는지 몸이 허공으로 날아가고 있는지 분간할 수 없을 만큼 고통은 깊었다.

다시 시작하자는 내게 남편은 이렇게 된 마당에 그냥 대충 살자 했다. 그냥 대충 대충. 무엇으로 남은 빚을 갚고 무엇으로 다시 시작할 거냐고, 꿈꾸지 말라고, 이젠 우린 다 틀린 거라고, 남편은 깨진 유리조각처럼 이리저리 함부로 흩어지며 상처를 주고 다녔다.

그런데 우습게도 나는 이렇게 된 마당에 자꾸만 살고 싶었다. 왜냐면, 아이들의 생명이 우리에게서 비롯되었기에……. 너무나도 분명한 그 현실을 나 몰라라 눈 감을 수 없기에……. 그리고 내 피붙이 친정식구들이 나를 바라보며 느낄 아픔 때문에…….

정말 갈 길은 아득하지만 주어진 삶에 최선을 다하며 어떤 고난이든 이겨내고 싶었다. 술과 폭력에 젖어 밑바닥 모를 나락의 끝에 떨어져 있던 남편은 그냥 대충 살자고 했다. 그럴 때마다 더 살고 싶었다. 세상을 향해 통곡하면서라도 내 가족을 지키며 살고 싶었다. 남편의 술주정에 어느

날은 얼굴이 바위만큼 커지고 어느 날은 온몸에 파란 옷을 입고 또 다른 아침을 열면서도 나는 악착스럽게 살아남을 생각만 했다.

새삼스런 일이 아니었다. 밤을 하얗게 새는 남편의 술주정과 주먹다짐으로 사는 게 사는 것 같지 않았던 나날은 내가 가게를 열어 먹고 사는 일이 큰 걱정이 아니었던 때도 별다르지 않았다. 이제 무일푼이라는 현실이 더 이상 내려설 곳 없는 바닥을 비추고 있을 뿐이었다.

술에 취해 망가진 남편을 두고 서울로 향했다.

딸의 병원비를 마련하기 위해 밀입국한 조선족 여인과 함께 식당 일을 했다. 주방 뒤편 철제 계단을 올라가면 고단한 몸을 누일 두 평짜리 방이 있었다. 빛이라고는 한점 찾아들지 않는 그 방에서 두 여자는 잠자리에 들 때마다 절로 쏟아지던 깊은 한숨으로 시리고 시린 이야기들을 삼키었다. 거리에서 빵을 구워 팔았다. 면사무소 임시직에 생계를 기대어도 보았다. 흐르는 차량 행렬을 뚫고 면도기도 팔아 보았다.

그리고 이제, 오일장을 찾아 떠도는 장돌뱅이

가 되어 내 사랑하는 아이들을 살찌울 양식을 구하고, 거리의 가슴 아린 삶들을 바라보며 내 가슴의 생채기들을 잠재운다. 꽃보다 아름다운 사람들을 문득문득 만나며 사람으로 하여 얻은 생채기를 사람으로 하여 다스린다.

누구든 불행한 삶을 살고자 하는 사람은 없을 것이다. 나는 이제 나 자신을 믿고 나를 사랑하기로 했다. 팔다 남은 빵 반죽으로 바닐라향이 역하게 코를 찔러오는 수제비를 끓여 먹으면서도 저만치 놓아버렸던 희망을 다시 붙들곤 했던 나를 사랑할 것이다. 다만, 이제는 가망 없는 희망에 휘둘리지는 않을 것이다. 두 발 굳건히 버티고 선 내 자리에서 내가 주인 되어 세상을 맞이할 것이다.

내가 내게 건네는 한줌 위로의 말이 절실하게 필요했던 시간을 되길어 올리면서 나는 오늘도 사람 내음 진한 장터를 찾아 떠난다.

2003년 봄을 기다리며

안 효 숙

차례

그래도 세상은 온통 봄날

낮게 파는 사람들

찌그러진 주전자가 살가웠던 시간

「그 해엔 겨울이 유난히 빨리 온다고 했다.
일찍부터 처마 끝이 얼어붙는데
차가운 구들장이, 일찍 진 꽃들이
사뭇 원망스러웠다.
해를 잡고 늘어지고 싶은 마음 위로 두런거리는
아이들의 속삭임이 낙엽처럼 쌓이고 있었다.
추위도 가난만큼 고독하다는 것을
그해 겨울 알았다.」

옥탑방

정수리가 타들어갈 듯 뜨겁게 쏟아지는 태양을 올려다보기에 8월은 잔인했다.

또 다시 낯선 도시를 찾아드는 발걸음은 갈피를 못 잡는다. 어디로 가야 하나……. 부도 이후 이번으로 다섯 번째 하는 이사다.

생활광고지를 들고 수중의 돈에 맞추어 수십 번 전화번호를 눌러댄 끝에 찾아낸 곳. 선택의 여지가 없다. 버스기사에게 물어 내린 이곳은 어디인가. 아파트 단지에서 한 걸음 물러서 새로 생긴 듯한 동네에는 음식점이 즐비했다. 어디선가 풍겨오는 고기 굽는 냄새에 허기가 느껴져 절로 침이 넘어갔다. 행여 아이들에게도 이런 냄새가 찾아들지 않을까 싶어 겁부터 더럭 난다.

부동산 중개업소의 문을 열고 들어서니 나를 맞이한 주인은 방 보러 오셨냐고 묻고는 대뜸 30평

대 아파트 전세물건을 몇 건 내놓았다. 내 나이를 가늠해서 적당하다 싶은 걸로 자신 있게 권하는 듯하였다. 난처했다. 미안할 정도로. 머뭇거리는 내게 중개업소 주인은 "더 큰 평수도 마침 나온 게 있습니다."라고 한다.

"저……. 그게 아니고……. 아까 전화한 사람인데요. 지금 비어 있는 옥탑방 있다고 하셨지요? 그곳을 좀 가보고 싶어서."

"아아, 아까 전화 한 분이시구나. 그러세요. 저는 그것도 모르고. 자제분을 일찍 두셨나 보네요. 학생들 자취시키려고 그러세요? 좀 덥긴 하지만 지낼 만은 할 겁니다. 그렇게 싸게 난 방이 이 근방에는 없습니다." 하는 중개업자의 뒤를 따라 올라간 곳은 4층 꼭대기의 옥탑방.

아무도 찾아오는 이 없어 좀처럼 문 열릴 것 같지 않은 쓸쓸한 이 방이 옥탑방이구나.

방문을 열자 후끈하게 달아오른 열기가 확 밀려온다. 중개업자는 얼굴을 찌푸리며 뒤로 물러서더니 "들어가서 보세요. 그냥 살 만은 하지요. 원체 방값도 싸고." 하며 방을 변명해 준다.

방 양옆으로는 경사진 천장이 어른 키를 받아들이지 않을 만큼 낮았다. 아이의 키를 어림으로 재보았다. 그냥 그런대로 지낼 수 있겠구나. 방 한가운데는 높으니 서서 다닐 수 있고. 아이들과 함께 살 곳이 있다는 것만으로 감사하자 했다.

계약금을 치르고 돌아오는데 땀인지 눈물인지 모르게 흘러내리는 것이 뺨을 적신다.

버스를 타고 지나치면서 우리가 살 옥탑방을 바라보았다. 창문이 보였다. 아아, 창문이 있었구나. 그럼 밤하늘의 별도 볼 수 있겠구나. 비가 내리는 것도 볼 수 있겠네. 눈 오는 것도, 앞 동네 놀이터에 빈 그네가 흔들리는 것도 볼 수 있겠구나. 괜히 걱정했네. 두 주먹 불끈 쥐고 눈물을 훔쳤다.

이사한 지 일주일이 넘어서고 있었다. 착한 아이들은 마치 백설공주와 일곱 난장이가 살던 집 같다고 좋아하니 다행이다. 다시 일을 해야 하는데……. 생활정보지를 들고 이곳저곳 일자리를 찾아보았다.

다음날 대형마트에서 생필품을 판매하는 자리라고 하여 가 보았는데 어제 나누었던 통화내용과는 전혀 달랐다. 마트에서 팔던 생필품은 동이 나고 지금 팔 물건은 다른 장소에 가서 팔 남자 면도기라고 하였다. 나처럼 새로 나온 사람은 여대생 한 명과 서른 살 정도 되어 보이는 주부였다. "그럼 어디에 가서 그 면도기 파는 건데요?" 하고 묻자 그들이 지정해 주는 장소에 가서 팔면 된다고 했다. 한 개 팔면 이천 원씩 수당이 떨어진다고 했다. 전에도 왔던 사람들은 벌써 봉고차에 오르고 있었다. 젊은 새댁은 그들의 이야기를 듣자마자 "교통비만 날아갔잖아요. 왜 솔직히 말을 안 해 주고 그래요?" 하며 화를 내며 나갔다. 나는 어떻게 해야 할지 망설이는 중에도 지리를 몰라 탔던 택시값 삼천 원이 눈앞에서 왔다 갔다 하여 "여기까지 왔으니 해보지요. 다 사람이 하는 일인데 무에 못할 게 있겠어요." 하고 차에 올랐다. 내 눈치를 살피던 어린 여대생도 나를 따라 올라탔다.

대전서 천안까지 한 시간 남짓 걸렸다. 그 시간 내내 '나는 할 수 있다. 뭐든지. 나쁜 짓 아니

고는 무엇이든지 할 수 있다.' 하고 수없이 자기최면을 걸었다.

그들이 나를 내려놓은 곳은 4차선 도로에 붙은 인도 위였다. 몸에 감기는 사람들의 시선을 떨어내는 데 신경을 뺏기고 있는 사이 그들은 면도기를 빠른 손놀림으로 진열해주고 사라졌다. 인도 위에 서 있는데 그 길고 긴 차량 행렬이 모두 나만 바라보고 있는 듯했다. 현기증이 나면서 참으로 막막했고 아득했다. 아아 어쩌면 좋아. 어떡하지. 괜히 왔나봐. 어떻게 해야 하지. 이젠 어떻게 해야 하지. 사무실에서 판매요령을 설명해 줄 땐 고개를 돌려 그 차량행렬을 바라보고 운전석에 앉아 있는 사람들과 눈인사를 하며 면도기를 보여주라 했는데, 세상에……. 생전 처음 보는 남자들의 눈을 어떻게 쳐다봐야 하는지……. 아아, 어떡하지……. 도대체가 떨리고 창피하고 민망하여 고개를 들 수가 없었다.

난 외로 몸을 돌려 차량행렬의 반대쪽을 바라보고 서 있었다. 그저 꿔다놓은 보릿자루 마냥.

그러고도 뒤통수가 뜨거워서 어찌할 바를 모르고 괜히 왔다는 후회가 솟구쳤다. 그렇게 두 시간을 서 있었다.

첫 출근이라고 깔끔해 뵈려 흰 민소매 티셔츠에 검정 스커트를 입고 나왔는데 차양막 하나 없어 햇볕은 온몸으로 쏟아져 내리고, 간간이 경적을 울려대는 짓궂은 운전자도 있었다. 어떤 운전자는 "아주머니. 앞을 봐야 물건을 사지요. 저 아줌마 처음인가 보네. 그럼 물건이 팔리겠어요." 하고 소리치기도 했지만 나는 못들은 척 그 자리에서 꼼짝도 하지 않았다. 도대체 어떻게 해야 할지……. 눈물이 고여 오기 시작했다. 반대로 흐르는 차선에 서 있는 여대생을 바라보았다. 그 여대생은 일러준 대로 면도기를 들고 정차해 있는 차량행렬 사이를 왔다 갔다 하고 있었다. 저 어린 학생도 학비를 벌겠다고 저렇게 애쓰는데 몇십 년을 더 산 내가 무엇이 부끄러워 이런단 말인가. 스스로를 위로해 보기도 하고 다그쳐도 보았지만 소용이 없었다.

갑자기 멀리 보이는 슈퍼 간판이 번쩍 눈에 들어왔다. 달려가서 소주 한 병을 사고 그 자리에

서 반 병을 마셨다. 잠시 후 술기운이 돌면서 용기가 생기고 비로소 차량행렬을 똑바로 바라볼 수 있었다.

연거푸 경적이 울리고 하나 둘씩 면도기가 팔려 나가기 시작했다. 햇살은 여전히 쨍쨍거리며 내 몸 위로 쏟아졌지만 이젠 면도기를 많이 팔았으면 하는 생각 하나로 그 자리에 서서 왔다 갔다 했다.

인도에 해 그림자가 길게 드리워지고 있을 때 그 자리에 내려주었던 직원이 왔다. “해 볼 만하세요?” 하고 물어보는데 그냥 소주병을 들어 보이는 것으로 대답을 대신하고 차에 올랐다.

그날 내게 떨어진 일당은 사만 팔천 원. 택시비 삼천 원 제하고 소주 구백 원 제하면 사만 사천 백 원이 남았다. 집으로 돌아가는 길은 또 다른 자신감으로 든든해졌다. 무슨 일이든 해낼 수 있는 자신이 대견스러웠다고 하면 마음 아픈 일일까. 옆에 앉은 여대생에게 “오늘 힘들었지요. 학생 참 곱고 착하네.” 하고 손을 잡아주었다.

집 가까이 오니 살가운 아이들에게서 전화가 왔다. “엄마. 어디야? 왜 안 와?” 하는 아이들.

“응. 엄마 다 왔어. 집 근처야. 맛있는 포도 사 갈게. 기다리고 있어.”

전화를 끊고 동네 슈퍼에 들려 단물이 듬뿍 든 포도를 사서 옥탑방으로 오르는 길. 사는 것이 이리 고단하고 고달프기는 해도 반드시 길은 있을 것이라고 믿는다.

오늘, 도시의 별빛이 이리 고운지 처음 보았다.

봄의 뜨락에서

일을 마치고 지친 몸으로 집에 돌아오면 우편함에 꽂혀진 빚 독촉 고지서들이 두 다리의 남은 힘마저 빼어가곤 했다.

전혀 나아질 기미가 없는 생활에 어느 날부터인가 남편은 고개를 돌렸다. 돌이켜보면 먹는 것을 해결하고 나면 열 번을 꼽아보아도 그냥은 지나칠 수 없는 기본적인 것만 채우며 살아온 시간들이었다.

아이들에게 새 옷 한번 사줘보지 못한 시간이 꽤 오래된 것 같았다.

그렇다고 해서 꼭 불행했던 것만은 아니었다. 우리를 허기지게 한 진짜 빈곤은 가끔씩 다른 세상 사람처럼 툭툭 상처 입히는 말을 던지는 남편에게서 비롯되었다.

조금씩 갚아 나가기는 하지만 좀처럼 줄어들

지 않는 빚. 남편은 “이대로 가다가는 끝도 없어. 아마 우리는 평생 이렇게 입는 것은 물론이고 먹는 것도 제대로 못 먹고 살다 죽게 될 거다. 아이들 공부나 제대로 가르치게 될지. 평생을 이렇게 비참하게 고생은 있는 대로 다하고 사는 것 같지도 않게 살다 죽을 거다.” 했다.

“그렇게 말하지 마. 그 말이 더 비참해. 왜 그렇게 남은 희망마저 무참하게 베어버리려고 하는 거야. 그렇지 않을 거야. 이렇게 살다보면 제자리를 찾게 될 거야.” 하고 내가 말했다.

하지만 “나 외국으로 나가야겠다. 잘 하면 빠른 시간에 많은 돈을 벌 수도 있고. 여기 있어봤자 우리가 할 수 있는 일은 거리의 노점행상뿐인데 그것으로는 배고픔밖에 해결하지 못해. 나 간다. 가서 잘 되면 돈 부쳐줄게.” 하고 남편이 떠나기를 고집했을 때 잡지 않았다. 그냥 “당신이 잘 됐으면 좋겠어. 당신이 아주 아주 잘 됐으면 좋겠어. 그게 내 소원이야. 당신이 잘 되는 거. 좋은 사람이 되어주는 거.” 하고 간절히 바랐다.

인생을 다 놓은 듯 함부로 뒹굴던 예전의 시간

에 비해 그래도 살아보려 남편이 애써준 지난 몇 개월. 남편이 바뀌기를 기다리며 그 긴 시간 쏟아 부은 애정과 노력을 이젠 나 자신에게 돌릴 것이며 나 스스로를 사랑할 것이다.

바람이 휘젓고 가는 부엌에서 온 겨울 빵 반죽을 만들었다. 온기가 느껴지는 방 한쪽에 다된 반죽을 이불로 덮어두고 발효되길 기다리는 두 시간. 그 시간에 많은 일을 했다.

불기가 미치는 작은 방 한 칸에서 온 가족이 생활하면서 말수가 부쩍 줄어든 아이들에게 미안해하며 언 수돗물이 녹을 동안 밀어놓은 밥상과 여기저기 널브러진 옷가지와 책을 제자리에 정리하면서 가끔 자존심이란 놈과 마주하고 나직이 울기도 했다.

집안 청소를 끝내고 언 손을 녹이느라 아랫목에 손을 밀어 넣으면 몽글몽글 와 잡히는 잘 부풀어오른 반죽. 나는 빵 반죽을 이고 거리로 나갔다.

오래된 술도가가 있는 골목의 손수레가 나를

기다리고 있었다.

가끔은 '서재'의 문도 열어 보았다.

어느 곳에도 불기운이 미치지 않는 사랑방 문을 열면 차가운 공기가 온몸으로 달려들었다. 그래도 사방이 책으로 둘러싸인 이 방은 아이들과 내가 가장 좋아하는 '서재'다.

'가치 있는 삶이란 의미를 채우는 삶이다'라고 냉기 찬 '서재'의 벽을 장식하고 있는 글귀는 그래도 우리에게 여전히 유효했다.

봄의 뜨락에서 곧 빵으로 구워질 밀가루를 반죽한다. 버터향이 아지랑이처럼 피어오르며 기분 좋게 코끝을 간지럽힌다.

잘 발효되어 부풀어오른 빵을 굽는 일은 희망을 채우는 일이다. 안으로 안으로 곰삭아 다시 차오르는 것은 거듭거듭 새롭게 시작할 수 있는 힘이었다.

빵 익는 냄새가 거리를 채울 때 기다림의 가치를 깨달았다. 사랑하는 이들과 함께 오늘 하루에 충실하며 열심히 살아간다면 우리는 언젠가 봄

처럼 수줍게, 때로는 만개한 꽃처럼 기다림의 결실과 만나게 될 것이다.

바닐라 수제비

5년 전 겨울. 육 개월 동안 혼자 지낸 적이 있었다. 그 때 산언덕에 방을 하나 얻었다. 주인 내외는 나이 지긋한 분들이셨는데 방을 계약하러 간 첫날, 나를 바라보던 두 어른 눈시울이 붉어지셨다. 나는 결단코 아무 말 안 했는데……. 혼자 지낼 거라는 말밖에 안 했는데…….

꽃 수술과도 같은 연미색 바닐라 향 풀어 넣고 따뜻한 물을 넣어 반죽을 한다.

거리에 나가 손수레 앞에 서서 종일 빵을 굽는다. 멍하니 고개 들어보면 어디선가 민들레 홀씨가 날아다닌다. 그래, 날아다녀라. 자유로운 너는 어디든 가서 네가 품을 만한 자리에 씨앗을 옮겨 놓고 또 꽃을 피우겠지. 피우려거든 아름다운 꽃을 피워라. 모두에게 사랑받는 얼굴을 들고…….

어느 날은 풍경화 속에 내가 들어 있는 듯했다.

그 그림 속을 걸어 나와서 장난스런 아이들과 뒹굴고 부딪치며 살고 싶어졌다. 시간이 너무도 고요해서, 참혹하리만큼 고요해서 그 고요 속에 그대로 잠들 것 같았다.

행여 말을 잊어버리면 어쩌나 싶어서 부러 소리를 내어보기도 했다. "아가야, 내 아가야, 당신, 엄마아, 오빠아, 나야, 나. 나 잊어버렸어? 기차 타고 싶다. 엄마가 끓여준 칼칼한 김칫국 먹고 싶어. 비 온다. 비가 와. 나 이젠 잔다. 나 지금 밥 먹어, 나 지금 울어." 하고 말 연습을 했다.

하루 종일 손수레에서 빵을 굽고 집으로 돌아가면 불이 꺼져 있다. 아무도 기다려 주는 사람이 없다. 열쇠를 찾아 방문을 열면 어둠이 방안에 깊게 고여 있었다.

방안에 들어서면서 무너지듯 주저앉는다. 아이들을 데려오려면 힘을 내야 하는데, 기껏 죽지 않으려고 밥을 먹었다. 밥이 안 넘어가면 죽지 않으려고 죽을 끓여먹었다.

부지런히 먹긴 먹었는데 점점 살이 빠지기 시작하더니 처녀 때 몸무게보다 가벼워졌다. 덜컥

겁이 났다. 입던 옷이 헐렁거리고 하늘을 올려다 보면 현기증이 나서 주저앉아 버렸던 그 시간. 나를 위해서는 반찬 한 가지 만들어지지 않았다. 그저 붙어 있으니 목숨이었던 게다.

살면서 돈을 아까워해 본 적이 없었는데 그 시절 죽을 끓이든 밥을 끓이든 나를 위해서는 쌀 한 줌 사는 돈이 아까웠다.

하루 일을 마치면 팔리지 않은 빵 반죽이 남았다. 하루 종일 발효하여 더 크게 부풀어오른 빵 반죽. 쓰레기봉투는 240원. 남은 반죽 버릴 쓰레기봉투 값도 아까웠던 때다.

팔리지 않아 남은 밀가루 반죽을 설거지 세제 대신 쓰기 위해 얼마간 떼어놓고 나머지로 수제비를 끓였다. 이스트와 바닐라향과 설탕가루가 든 반죽으로 끓인 수제비. 달착지근한 게 중국집을 찾아들면 느껴지는 향료냄새가 끓어올라 고개를 외로 꼬기도 했다. 그래도 그 수제비를 먹었다. 쓰레기봉투 값도 줄이고 쌀값도 줄이기 위해서였다.

그해 빵 굽는 손수레가 팔릴 때까지 날이면 날

마다 혼자 수제비를 끓여먹었다.

집 뒤로 한강 이남에서 제일 크다는 한밭도서관이 있었다. 늘 바라보기만 하고 지나쳤던 길이다. 도서관으로 향하는 발걸음이 얼마 만에 찾아가는 여유인지 빨라졌다.

열람실에 앉아 책을 보고 넓은 도서관 곳곳을 헤집고 다녀보기로 했다. 지하에 있는 가족열람실. 책을 좋아하는 아이들이 여길 오면 얼마나 좋아할까.

열람실을 나오는데 갓 지어낸 밥 냄새가 솔솔 올라왔다. 냄새를 따라 내려가 보니 도서관 식당이었다. 밥 냄새에 이끌려 들어갔는데 우동은 칠백 원, 밥값은 천 원이다.

점심 메뉴는 카레라이스였다. 생각할 겨를도 없이 천 원을 내고 카레라이스를 접시에 받아오는데 침이 절로 꿀꺽 넘어갔다. 조금씩 조금씩 천천히 먹는다. 밥이 달다. 얼마 만에 밥을 먹어보는가.

다시 열람실로 올라가 커피를 마시는데, 이렇게 호사스러울 수가 있을까 싶었다. 두고 온 아이들 생각만 빼면 아무것도 부러운 것이 없었다. 소강당에서 영화상영을 한다는 공고문도 붙어 있었다.

어두운 영화관을 찾아 들어가 앉아 있자니 내가 우스웠다. 내가 낯선 도시에 흘러들어와 홀로 산다는 것도 우스웠고 걸어 다니는 것도 우스웠고 수제비를 밥 삼아 먹은 것도 우스웠고 밥을 앞에 두고 감격하며 먹은 것도 우스웠고 푼돈을 받아 꼬박꼬박 예금을 하며 매일 통장을 들여다보는 것도 우스웠고 내가 거리에서 빵을 굽는 것도 우스웠다. 나를 둘러싸고 벌어지는 모든 일이 우스웠다.

나를 뒤로 하고 걸어가는 저 사람도 우스웠고 뭘 먹을까 고민하며 지나가는 사람도 우스웠고 밥을 남겨놓고 나가는 사람도 우스웠고……. 다 우스웠다. 사는 것은 우스운 일이겠지. 사람들이 나를 우습게 보겠지 하고 생각하는 것도 우스웠다. 도무지 현실감 없는 세상이 모두 우스웠다.

그 후로 비가 와 일을 하지 못하는 날이면 으

레 도서관으로 갔다. 도서관은 나의 성역이었다. 나는 여전히 바른 자세를 하고 책상에 앉아 책을 보았으며 열두 시가 되면 지갑에서 돈 천 원을 꺼내 맛있는 밥을 사먹었고 백 원으로 커피를 뽑아 먹었으며 전시관에 가서 그림을 관람하며 오후 시간을 보내기도 했고 삼층의 열람실로 들어가 신간서적을 제일 먼저 찾아 읽었다. 다시 찾아오지 않을 그 시간을 즐기면서 서서히 피가 돌기 시작했다.

그러고 보니 혼자 산 적도 있었네……. 가족이 뿔뿔이 흩어져.

울 엄마

수동성당을 지날 때면 외국인 신부님은 성모마리아상 앞의 화단을 가꾸고 계셨다. 학교 갔다올 즈음이면 늘 볼 수 있는 모습이었다.

성당 옆에 붙은 연탄공장은 시커먼 모습만 담고 있었다. 일하는 아저씨들 얼굴도 시커멓고 옷도 시커멓고 마당에서 모이 쪼아 먹는 비둘기 앞가슴도 시커멓고 지붕도 시커멓고 담도 시커멓고 유리도 시커멓고 그 앞을 지나는 길도 그랬다.

하지만 같은 담을 나누고 있던 성당은 늘 평화로웠고 꽃들로 가득 찼고 새소리로 가득 찼다. 빨간 벽돌은 선명했으며 신부님의 얼굴은 하얗고 눈은 투명하게 파랬다.

집에 가다가 무료하면 성당에 들어가 화단 옆 벤치에 앉아 혼자 놀다가고는 했는데, 어떻게 알았을까. 내 거기 앉아 쉬었다 가는지……. 우리

집 누렁이, 겅중겅중 바보처럼 키만 큰 누렁이는 나를 보고 멀리서 꼬리를 마구 흔들며 달려온다. 목을 만져주면 데구르르 뒹군다. 꽃잎으로 코를 간질여 주면 길쭉한 입을 벌려 내 손까지 물어버리는데 하나도 안 아프게 문다. 누렁이 바보…….

파란 눈의 신부님을 보면 얼마나 짖어대는지 바보 누렁이를 보고 신부님은 항복 항복 하면서 두 손을 앞세워 들고 옆길로 돌아서 사제관을 들어가시고는 했다.

수녀님들께서 교리관으로 줄서서 들어가는 걸 보니 토요일이었다. 이럴 때가 아니었네. 어머니가 일찍 오시는 날이다. 아버지는 벌써 낚시가방을 둘러메고 김씨 아저씨하고 고기 잡으러 소두머리 저수지로 떠났을지도 모른다.

성당에서 오백 보쯤 걸어 나오면 도랑 옆 삼거리 수동방앗간 옆 높은 옛 기와집인 우리 집이 보인다.

아버지가 집을 나서서 버스정류장으로 돌아가는 뒷모습이 보이는 것을 보니 벌써 어머니가 오신 게다. 누렁이 녀석 앞서가는데 긴 꼬리가 춤을 춘다. 도랑엔 오늘도 망태거지들이 내려가 깨진 병을 줍고 있고 옆집 재봉이 오빠도 그 중에 섞여 있다가 나하고 눈이 마주치자 얼굴이 빨개져 거지들 틈에 섞여 버린다.

"엄마아." 하고 대문을 열고 들어가면 "넘어진다 넘어져." 하는 어머니 곁엔 어머니 키만큼 높이 쌓인 빨랫감이 있고 방안엔 반들반들한 재봉틀이 벌써 펼쳐져 있었다.

"가방 내려놓고 이리 와서 펌푸질 좀 해봐. 엄마 빨래 좀 헹구게." 하면 신이 나 어머니 얼굴 쳐다보면서 펌프질을 했다. 맑은 물이 우르르 쏟아졌다. 힘이 들어도 숨이 차도 어머니와 같이 있는 시간이 좋아서 어머니가 시키는 일은 다 하고 싶었다.

어머니는 하루 종일 일만 했고 한시도 쉬지 않았다. 내 기억으로 어머니가 낮잠 주무시는 걸 본 적이 없다. 어머니는 아프다 하면서 누워 계신 적도 없다. 밥상을 들여놓고는 어머니는 부뚜막에 앉아서 밥을 드셨는데 늘 물에 만 밥이었

다. 지금 생각하니 밥이 쉬어서 찬물에 헹구어 드신 것이다.

학교에서 돌아온 큰오빠가 물고기 잡는 쪽대를 사달라고 했다. 걸음이 빠른 어머니가 쪽대를 사러가면서 오빠와 나에게 "빨리 걸어봐. 사람은 부지런해야지. 걸음도 빨리 빨리 걷고. 게으른 사람이나 할일 없이 천천히 걸어가는 거다." 하셨고 오빠와 나는 내기라도 하듯 뛰다시피 걸어갔다.

연탄공장 옆으로 여성회관을 짓는다고 몇 채의 집을 부숴놓았다. 땅에는 부서진 시멘트 조각들이 울퉁불퉁 밟혔는데 앞서가던 어머니께서 "조심해서 걸어. 넘어지면 큰일 난다." 하시다가 갑자기 그 자리에 주저앉으셨다.

오빠와 내가 뛰어가 보니 어머니 발등 위로 대못이 튀어나와 있었다. 깨진 시멘트 위로 못이 솟아 있었는데 어머니의 고무신을 뚫고 발등 위로 올라온 것이다. 어머니는 우리 보고 저리 가 있으라고 손짓하시더니 두 손으로 발바닥에 달린 시멘트 덩어리를 잡아 뺐는데 피를 한 웅큼이나 쏟고 나서야 못이 빠졌다. 큰오빠는 어머니의 손을 잡고 울면서 쪽대 안 살 테니 집으로 돌아가자 했지만 어머니는 괜찮다면서 절룩거리는 발로 시장엘 가서 오빠에게 쪽대를 사주셨다.

아무 말 없이 주저앉아 못을 빼던 어머니. 아무 말 없이 앞서 걷던 어머니. 어머니란 존재는 녹슨 못에 살이 뚫려도 괜찮은 줄 알았다. 그때는…….

내가 어른이 되어 모든 것을 다 잃고 아이들을 두고 집을 떠날 때 "뒤돌아보지 마라. 산사람은 다 살게 되어 있다. 사는 게 힘들면 아이들 생각하면서 살아라. 마음 독하게 먹고, 절대 뒤돌아보지 말고 앞만 보고 살아라." 하면서 내 등을 밀어주시던 어머니……. 지금 내가 길을 걷다가 녹슨 못이 발등 위로 올라왔다면 나도 어머니처럼 한점 비명도 없이 그 자리에 주저앉아 시멘트 못을 혼자 침묵하며 빼낼 수 있을까.

어머니를 만나러 시외버스터미널로 갔다.

정년퇴임 후 편하게 노후를 보내야 할 어머니

가 못난 딸 때문에 얼마나 상심하고 계신지는 굽은 허리, 퀭한 눈빛, 마른 침 넘기는 윤기 잃은 목울대만 보아도 짐작하고도 남음이 있다. 어머니 양손에 들려져 있는 컴퓨터 본체와 모니터.

"이게 필요했구나……. 무겁기는 하네……. 어디 아픈 데는 없니?"

"……. 엄마."

"밥 굶으면 절대 안 된다. 네 몸은 너 혼자 몸이 아닌겨. 내 몸이기도 하고 네 아이들 몸이기도 하다. 이 컴퓨터 내가 간수해 두기를 잘 한 거니? 그래, 사는 곳은 어디니? 가 보자."

"엄마, 오지 마. 그냥 여기서 돌아가셔요."

"……. 그래, 그래. 네가 그게 편하다면 내 그냥 가마. 몸 건강해야 한다."

어머니는 뒤돌아서서 바지춤의 돈을 꺼내 내 손에 쥐어준다.

"엄마. 나 돈 있는데……."

"그래도 받아. 더 주고 싶은데……."

"엄마, 오래 살아야 해요. 꼭이요. 제가 다시 일어설 때까지. 엄마한테 잘 사는 모습 보일 수 있을 때까지."

"그래 내 오래 살으마. 밥 꼭 챙겨먹고 이번 추석에는 꼭 와서 언니 오빠들하고 같이 보내. 혼자 있지 말고. 그리고 아프면 안 된다. 아프면 안 된다." 하고 돌아서던 어머니의 그 말이 내겐 약이었다.

엄마의 눈자위가 유난히 파랗게 보였던 그 날……. 암세포가 어머니의 온몸으로 번지기 시작했던 걸 어머니와 나만 모르고 있었던 그 날.

자꾸 나보고 건강해야 한다고, 네 몸은 내 몸이면서 아이들 몸이니 건강이 최고라고 하면서 어머니가 시외버스터미널로 되돌아섰을 때, 나는 갑자기 하늘에서 내게 마른 벼락이라도 쳐 내렸으면 좋겠다고 생각했다.

얼룩송아지

“송아지 송아지 얼룩송아지…….” 길 가는 어린아이가 엄마 손을 잡고 노래를 부른다.

“송아지 송아지 얼룩송아지…….” 저 노래. 마음속으로 나도 따라 불렀다.

담배공장에 다니시던 어머니는 봉급날이면 담배 한 보루를 보너스로 받아오셨다. 아버지께서도 담배공장엘 다니셨기에 담배는 두 보루가 되었다. 다음날 두 보루 중 한 보루는 주문하신 담임선생님께 갖다드리고 나머지 한 보루는 오정목 건너에서 쌀집을 하시는 육촌아저씨께 갖다드리면 담뱃값과 함께 심부름값 십 원을 주셨다.

십 원을 받는 즐거움을 알게 된 것은 내가 기억을 갖기 시작한 일곱 살 때부터였던 것 같다. 담뱃값 삼백 오십 원은 꼭꼭 접어 주머니에 깊게 찔러 옷핀으로 채워주셨고 나머지 심부름값은 온전히 내 돈이 되었다. 나는 부자가 되는 어머니의 월급날을 몹시도 기다렸다.

그날도 심부름값 십 원에 발걸음이 콩콩 가볍기도 했다. 집으로 돌아가는 길. 오정목과 연결되는 기찻길 쪽으로 고개가 돌려진다. 기찻길을 어느 정도 따라가다 보면 저녁하늘을 뒤덮으며 뿌연 연기를 내뿜는 커다란 공장이 어머니가 다니는 연초공장이다.

집에 가는 걸 잊고 기찻길 옆 하얗게 무리지어 피어 있는 토끼풀꽃으로 시계를 만들고 꽃반지를 만들다 보니 기차가 나른한 시간 속을 고막을 찢으며 달렸다. 둑길로 내려서 귀를 꼭 막고 기차가 지나가도록 앉아 있는다. 어머니는 언제 오시려나……. 이 길목을 지키고 있으면 어머니가 지나가시겠지.

미나리깡 건너로는 사기공장이 있었다. 만들다 깨진 사기그릇들이 산더미처럼 쌓여 있었는데 동네 동무들이 어쩌다가 이 빠진 접시를 주워 자랑하는 것을 몇 번 본 적이 있었다. 둑길에 앉

아 있다 어머니께 하얀 접시를 찾아주고 싶어 미나리깡을 건너기 시작했다.

하얀 사기그릇이 내 키 위로 어마어마하게 쌓여 있었다. 가장자리부터 하나씩 뒤져 그릇을 골라내기 시작했는데 정말이지 운 좋게도 그림이 잘못 찍혀 있는 접시 하나 하고 가장자리에 이가 빠진 접시 두 개를 찾아내었다. 시간이 얼마만큼 흘렀는지도 몰랐다.

접시 세 개를 들고 육촌아저씨한테 십 원을 받은 뿌듯함보다 더 큰 기쁨으로 기찻길 쪽을 향하니 이미 해는 넘어가 어두워지고 있었고 공장에서 나온 아저씨들이 둑길을 그림자처럼 걸어가고 있었다.

어머니를 놓쳐버렸다는 두려움과 어둠이 주는 공포에 등 떠밀려 접시를 들고 뛰기 시작했는데 미나리깡에 발이 몇 번이나 빠지면서 넘어져 접시에 흙물이 들었지만 깨지지는 않았다. 바지는 이미 엉망으로 젖어 버렸는데도 어머니에게 접시를 갖다드리고 싶은 마음이 더 커 접시를 꼭 쥐고 기찻길로 올라섰다.

걸음이 빨라지면서 지나가는 아저씨들을 앞질러 뛰기 시작했다. 멀리 앞서가는 한복을 입은 아주머니가 꼭 어머니 모습 같았다. 조금 더 뛰어가서 보니 언제나처럼 종종걸음으로 날아가듯 걸어가는 모습이 정말 어머니였다.

"엄마아. 엄마아." 소리 지르며 뛰어갔지만 멀리서 들려오는 기적소리에 묻혀버렸다. "엄마아. 엄마아." 하고 목이 터져라 부르다 울음이 섞이어 불러보았지만 그래도 어머니는 뒤돌아보지 않고 빠른 걸음을 옮기고 있었는데 뛰어가다가 넘어져 그만 접시를 놓치고 말았다.

접시가 기차 레일에 맞아 두 개는 쨍그랑 깨졌고 하나는 침목 사이 풀섶으로 떨어졌다. 그제서야 뒤돌아본 어머니. 어둠 속에서 무심히 바라보다 "엄마아." 하고 우는 나를 알아보고 뛰어와 일으켜 세운다. 침목 사이에 떨어져 있는 접시를 주워 들고는 무슨 일인지 짐작한 어머니는 "에고, 내 새끼. 업혀." 하고 등을 내놓으신다.

어린 마음에도 어머니를 힘들게 하면 안 된다 싶었던지 나는 어머니 손을 잡고 걸으면서 주머니에 손을 넣어 심부름을 한 담뱃값을 건네 드렸고 어머니는 내 머리를 쓰다듬어 주셨다.

"엄마, 또 줄게. 아저씨가 심부름값으로 줬어." 하고 다른 주머니에 넣어두었던 십 원을 꺼내 건넸다. 언제나 말수가 적었던 어머니는 "그래, 착하다." 하고는 "엄마 노래 좀 알려줄래? 송아지 노래." 한다.

어머니가 노래를 부른단다. 아아, 어머니도 노래를 부르고 싶어하시는구나.

"엄마. 나 따라해 봐. 송아지 송아지 얼룩송아지 엄마소도 얼룩소 엄마 닮았네." 신이 나서 목소리를 크게 내어 노래를 했다.

엄마가 나한테 노래를 알려 달라고 하네. 엄마도 노래 부르고 싶을 때가 있나 보네.

"송아지 송아지 얼룩송아지……." 엄마는 지나가는 사람이 없는지 앞뒤를 자꾸 살피면서 나직이 따라했다. "송아지." 하면서 뒤를 돌아보았고 또 "송아지." 하면서 앞을 살폈다.

나는 처음 듣는 어머니의 노래 소리가 신기하고 신이 나서 밤하늘의 별을 바라보며 그만 하라고 할 때까지 크게 크게 송아지를 불러대기 시작했다.

그 후 사기공장은 동양도자기로 바뀌었고 담배공장은 한국담배인삼공사로 바뀌었지만 그 세월 동안 어머니가 부른 노래는 단 한 가지 '송아지'였다.

정년퇴임식 자리에서도 "송아지 송아지 얼룩송아지……." 그 한가지였고 환갑잔치에서도 "송아지 송아지 얼룩송아지……." 그 노래였으며, 내가 어머니 산소에 엎드려 부른 노래도 "송아지 송아지 얼룩송아지……."였다.

큰 오빠

새벽녘. 지붕 위로 빗방울 떨어지는 소리가 후두둑 후두둑 들렸다. 비가 오는구나, 오늘 일 못하겠네, 하고 이불속에서 꼼지락거리는데 아이들 학교길 바래다주느라 문 열고 나가보니 비가 그쳤다. 더 오지.

몸은 일할 채비를 하면서도 마음은 이불 속에 두고 황사현상이 심하다는 둥 온갖 구실을 다 붙여보았지만 결국 공주장으로 나섰다.

오늘, 희끄무리한 날이 을씨년스럽기 짝이 없다.

미운 날이다.

저당 잡힌 햇빛, 찾을 길이 없고 괜히 왔다 싶은 게 후회가 밀려왔다. 이런 날 집에서 뜨거운 물 펄펄 끓여 큰 커피잔 양 손에 모아들고 따뜻한 기운 담아 창가에 앉아 있음 얼마나 좋을까만….

거리에 서 있는데 전화가 왔다. 어, 작은오빠다.

"오빠아."

작은오빠의 다정한 목소리.

"어디니? 잘 지내니?"

"응……. 오빠. 공주장야."

작은오빠는 "공주장? 아직도 장에 다니니? 오늘처럼 바람 부는 날도? 오늘처럼 쌀쌀한 날도? 하루 쉬지 않고……." 한다.

"괜찮아. 오빠, 장사 잘 돼. 재미있어. 여러 가지로 많이 나아지고 있어."

작은오빠는 "……. 뭐가 나아졌는데? 어떻게 나아졌는데……. 길거리에 서 있는 게 재미있다니……." 하고 말끝을 흐리지만 나는 "응. 다. 다아 나아졌어. 모든 게 다 나아졌어. 내가 좋아서 하는 일이니까 재미있지." 기운차게 대답한다.

수화기 너머의 오빠는 말이 없다.

"오빠, 아이들도 공부 잘 하고 잘 크고 밥 잘 먹고 잠 잘 자고 또 그게 말이지 다 나아졌어. 나도 살찌고(읍!) 이젠 저금도 한다. 히힛."

다시 오빠는 말이 없다.

"오빠. 나 때문에 걱정해? 걱정하지 마. 나 재미있어. 나 사는 거에 대해 자신 있어. 장사도 잘 돼. 오빠. 나 때문에는 정말이지 걱정하지 마."

작은오빠는 "그래……. 아이들이 잘 크고 있다니 됐지. 황사가 심하던데 그 바람 부는 거리에서 마스크는 쓰고 있는 거니? 이젠 살아생전 엄마처럼 누구도 너를 걱정해 주지는 않아. 네가 알아서 건강 챙기고. 알겠지?" 하는데 눈물이 핑 돈다.

"그럼. 그럼." 하고 전화를 끊고 나니 더 이상 장거리에 서 있고 싶지 않게 기운이 다 빠진다.

곧 바로 짐을 싸서 집으로 돌아오는 길.

한 가지 노래가 마음에 들면 그 노래만 테이프 하나에 녹음해 가지고 다니는 버릇이 있다. 마음에 들면 무엇도 내 손으로 내 마음으로는 버리지 못하는 게 나다. 앞뒤 빽빽이 녹음한 이현우의 〈헤어진 다음날〉이 차안으로 자꾸 자꾸 쏟아져 들어온다. 기어이 눈물이 흐른다. 다른 테이프를 이것저것 집어들었지만 환한 노래 하나 잡히지 않는다.

갓길에 서 있는데 이 흐리고 바람 부는 날 아주머니 한 분이 둑길에서 나물을 뜯고 있다.

작은오빠.

어릴 적에 난 키가 작고 몸이 약했는데 막내라고 일곱 살에 학교를 넣어 맨 앞줄을 차지했고 주사를 일등으로 맞는 고역을 치르고는 했다.

위로 큰언니와 둘째 언니가 초등학교 일년을 업어서 데리고 다녔었다. 이 학년 때부터는 혼자 다녔는데 어느 날부터인가 나보다 두 학년 위인 쌍둥이 오빠 중 작은오빠가 등교길에 내 책가방을 들고 앞서 갔다.

교실이 모자라 오후반일 때는 끝나도록 기다렸다가 책가방을 들어 주던 사람도 작은오빠였고, 내가 백점 받았을 때 가장 기뻐한 사람도 작은오빠였고, 급식으로 나누어 준 옥수수 빵을 먹지 않고 남겨 내 손에 쥐어 준 사람도 작은오빠였다.

미술대회 때 운동장에서 소방차를 그릴 때도 자기 것은 접어두고 슬쩍 내 곁으로 와서 하얀 도화지 위에 빨간 불자동차를 근사하게 그려내어 상을 받게 해 준 사람도 작은오빠였다.

식물채집한 자신의 여름방학 숙제를 내 책가방에 대신 넣어 준 사람도…….

쌍둥이 오빠는 낚시를 아주 좋아했다. 두 오빠

가 고등학생이었을 때 토요일이나 방학이면 낚시를 자주 다녔는데 내가 따라나서면 눈을 부라리는 큰오빠 등 뒤로 괜찮아 하며 내 손을 슬쩍 잡아 주었던 사람도 작은오빠였다.

대학생일 때 용돈을 타면 늘 내게 먼저 갈라 주었던 작은오빠. 〈바람과 함께 사라지다〉와 〈전쟁과 평화〉를 네 번이나 볼 수 있게 해 준 사람도 작은오빠였고 이광수의 『유정』과 『무정』을 사다 준 사람도 작은오빠였다.

이젠 40대 중년이 되어버린 작은오빠는 언제나 내게 겨울엔 따뜻한 난로였고 봄엔 꽃과 같은 아름다운 그늘이었다.

나는 가끔 오빠의 직장에 전화를 해서 새언니 모르게 점심을 사달라고 한다. 새언니 모르게 책을 사달라고 하고 씨디를 사달라고 하고……. 작은오빠는 내 것과 더불어 나를 닮은 내 딸아이 것을 함께 사는 것을 잊지 않는다.

작은오빠와 함께 걸어가면 꿈길을 걸어가는 듯싶게 행복하다. 모두가 한 집에 살던 그 시절이 그리워지는 날이다.

큰언니

장거리에 비바람이 일기 시작하자 상인들은 서둘러 펼쳤던 좌판을 접었다. 순식간에 물건을 정리한 상인들이 떠나고 휑하니 빈 장터에서 그래도 여전히 제 자리를 지키고 있는 꽃나무가 있었다.

트럭에 앉아 빈 거리에 내놓은 꽃나무를 무심히 바라보는 주인에게 다가가 천리향 두 그루와 설중매 한 그루를 샀다.

꽃을 보면 늘 떠오르는 사람이 있다.

직장 다니는 엄마를 대신해 집안 살림을 돌보았던 큰언니는 인근에 소문난 미인이었다. 얼굴 못지않게 마음은 더 곱디고왔다. 새벽에 일어나 아침밥을 준비해 놓고 우리 육 남매를 깨워 밥을 먹게 했다. 그 동안 큰언니는 호미를 들고 화단을 가꾸다 밥을 다 먹은 우리가 책가방을 들고 나서면 선생님 책상에 놓아드리라고 꽃을 싸 주곤 했다.

학교가 파하고 집에 돌아와 내가 가장 먼저 눈길을 주는 곳도 화단이었다. 그 꽃들 속 어딘가에 큰언니가 정성스레 가꾸는 꽃들이 있다는 것을 알기 때문이었다.

언니는 저녁시간이면 하얀 포플린 천에 수틀을 대고 레이디데이지 스티치로 밤이 깊어가도록 수를 놓다가 이따금씩 잠든 내 몸에 그 포플린 천을 갖다 대보곤 했다. 그러다 며칠 후 학교에서 돌아와 보면 빨랫줄에 산뜻하게 풀을 먹여 널어놓은 하얀 원피스가 햇빛을 받아 눈부시게 나풀거리고 있기도 했다. 설렘으로 가슴을 콩콩 뛰며 "언니, 내 옷 다 만들었어?" 하면 언니는 고개를 끄덕이며 내 손을 잡고는 샘물가로 데려가 뽀득뽀득 몸을 씻기고 비누냄새가 채 가시지 않은 몸에 며칠 밤을 새워 만든 하얀 원피스를 입혀놓고 흐뭇하게 바라보곤 했다.

집 앞으로 기찻길이 있었다.

잠들 때면 문풍지에 그림자를 그리며 기적소리를 울리며 기차가 달리던 그때 언니에겐 사랑하는 사람이 있었다. 일곱 살이었던 내 손을 잡고 언니는 기차에 올라 언니의 남자를 만나러 가고는 했다. 군인장교였던 그 남자는 지금의 큰형부다.

그때마다 나는 머리엔 빨간 끈을 매고 손엔 꽃을 들고 늘 기차둑길을 걸어 다니는 미친 여자를 찾느라 차창에 머리를 박고는 했다.

큰언니가 언니의 남자와 얘기하는 동안 나는 기찻길 주변에서 토끼풀로 목걸이를 만든다거나 왕관을 만들며 혼자 놀기를 좋아했다.

돌아가는 길엔 늘 석양이 지고 있었다. 장교복을 입은 그 남자는 언니와 작은 내가 안 보이도록 역사에 서서 손을 흔들었고 어느 날은 달리는 기차를 따라 뛰어오기도 했다.

그런 언니가 시집을 가고 나니 집안이 텅 빈 듯싶었다. 화단의 꽃들도 하나씩 생명을 잃어가기 시작했다. 언니가 없는 집에 들어가기가 싫었다. 나는 학교 끝나면 우리 집처럼 큰언니네 집으로 달려갔다. 내 첫 생리도, 내 몸에 여자를 느끼게 해 준 브래지어도 큰언니가 챙겨주었다.

큰언니는 음식솜씨가 좋아 주위사람들을 행복하게 해 주었다. 목소리도 나긋나긋하여 듣기 좋았으며 늘 웃는 얼굴이 상냥했다.

교직에 계시던 형부의 수입만으로는 힘에 부쳐 하숙을 치며 두 시동생 대학공부를 시켰고 형부의 대학원 공부가 끝나자 시동생들 대학원 뒷바라지까지 자청했다.

살아가면서 남편에게나 자식에게, 그리고 형제들에게 목소리 한번 높여본 적이 없는 큰언니. 언제나 고운 모습으로 삶에 충실했던 큰언니 부부의 서로에 대한 깊은 애정이 집안 전체에 흐르고 있었다.

누구나 큰언니네 집엘 가면 행복해했다. 나도 크면 큰언니처럼 살 거라고 수없이 생각했었다.

지금 큰언니는 쉰다섯 살이다. 언제나 형부의 손을 꼬옥 잡고 산책하는 큰언니보다 더 아름다운 여자를 나는 여지껏 본 적이 없다.

그런 큰언니가 나만 생각하면 온몸이 다 시려와 견딜 수가 없다고 한다. 몇 년 전부터 성당에 나가면 나를 위한 기도로 눈이 젖어 돌아오고는 한다는 말을 셋째 언니한테 들었을 때 가슴이 미어져 큰언니를 바라볼 자신이 없었다.

오늘 아이들을 성당에 보내는 길, 어젯밤 옮겨 심은 천리향 가지에 밤새도록 내린 눈을 보니 나뭇가지가 아프겠다고 눈을 털어주던 큰언니의 뒷모습이 꽃그늘처럼 떠오른다.

큰언니……. 언니…….

연탄 난로 위 양은 주전자

집안에 따뜻한 기운을 퍼지게 하는 연탄난로 위 주전자에서 구수한 보릿냄새가 넘쳐흐른다.

추위를 견디지 못해 며칠 전 난로를 사러 고물상에 갔을 때 고물상 주인은 한 쪽 켠에 쌓아놓은 기름난로와 전기 스토브를 보여주며 편리하고 아직은 쓸 만하다고 하였지만 나는 연탄난로는 없느냐고 물었다. "연탄난로요?" 하고 되묻는 아저씨께 고개를 끄덕여 주고 앞서 걷는 아저씨를 따라 걸었다.

고철 속에 쑤셔 박혀 있던 녹슨 난로를 끄집어 내 만 원 달라는 것을 칠천 원에 싸아 차에 싣는데 커다란 주전자 하나가 눈에 띄었다. 내 시선이 양쪽 볼이 심하게 찌그러진 주전자에 머물고 있는 것을 본 아저씨가 "주둥이가 커서 망치를 놓고 치면 찌그러진 것은 펴질 거요. 이천 원만 주고 가져가요. 연탄난로 위엔 이 주전자가 최고요." 하며 건네주신 주전자. 함석연통을 사다가

냉기가 도는 부엌에 난로를 놓으니 아주 근사한 부엌이 되었다. 찌그러진 주전자는 한쪽 볼만 편채 올려놓았다. 버려진 테이블을 부엌 한 켠에 옮겨놓고 책꽂이도 올리고 의자에 담요 한 장 깔아놓으니 훌륭한 책상이 되었다. 학교에서 돌아온 아이들은 난로를 보자 따뜻하다고 좋아라하며 부엌에서 떠나질 않는다.

그렇게 연탄난로를 들여놓은 날 우리는 펄펄 끓어오르는 구수한 보릿물과 방금 쪄낸 따끈따끈한 고구마를 먹으며 겨울을 맞이했다. 상처 입은 것에 더 애정을 갖게 되는 걸까. 찌그러진 주전자가 이리 좋은 것은…….

방문에 새로 문종이를 입히고 나서 아이들에게 구멍 하나씩 뚫어보자 했다. 셋이서 손가락 하나씩 집어넣고 구멍 세 개를 내었다.

"눈 오면 이 구멍 통해 바깥세상 바라보기. 엄마가 늦게 오는 날 무서워하지 말고 어둠 속에서도 마당이 환해지도록 바라보기. 비 오면 이 구멍 통해 생각에 젖어보기. 잠 오지 않는 밤 이 작은 구멍 통해 밤하늘의 별빛 바라보기. 엄마가

없다고 심심해하지 말고 이 작은 구멍 통해 화단의 자두나무 바라보면서 나의 라임 오렌지나무의 밍기뉴라 생각하고 제제처럼 많은 말 주고받기. 엄마생각 어때?" 하니 "좋아. 엄마, 그런데 구멍 한 개씩 더 내면 안 될까. 히히." 하는 녀석들.

"이건 엄마가 이 문구멍을 통해 하고 싶은 걸 이야기해 본 것이고 너희들이 하고 싶은 것 이야기해 봐." 하니 "이 구멍으로 내다보면서 엄마가 맛있는 거 사 오나 바라보기. 우히히히, 이 구멍으로 내다보면서 채송화 집사님이 교회 가자고 우리를 부르면 없는 척 대답 안 하고 이불장에 숨어버리기. 우히히히, 이 구멍으로 내다보면서 우체부 아저씨가 소포 들고 오나 안 오나 바라보기. 이 구멍으로 잠자리 몇 마리 날아다니나 게으름 피우며 쳐다보기. 이 구멍으로 비 오는 날 나오는 그 큰 두꺼비 찾아보기. 이 구멍으로 언제 방학이 되나 밤이 오는 것 세어보기. 히히히." 한다.

"너희들, 당장 구멍 막는다." 하니 "아니야. 엄마, 엄마가 하라는 대로 할게. 그런데 구멍 하나 자꾸만 더 뚫고 싶다." 했던 아이들. 그 집을 떠나올 동안 아이들이 그 구멍을 통해 바라본 바깥 세상은 무엇이었을까. 나처럼 안주에 대한 그리움이었을까.

일 년에 한 번씩 이사를 다녀야 하는 아이들에게 미안한 마음뿐이었다.

두고 온 난로는 아직도 찌그러진 볼을 가진 주전자를 올려놓고 제 몸을 데우고 있을까…….

바삐 떠나오느라 구멍을 막지 못한 채로 두었던 그 집. 그 집에 사는 사람들은 그 구멍을 통해 무엇을 바라보았을까…….

차라리 네가 엄마 해라

딸아이가 중학생이 되었다. 중학교에 입학하면서 가정환경조사서를 가져왔다.

직업, 주거환경, 월수입……. 볼펜을 손에 쥐고 한참 헤매며 앉아 있던 나와 딸아이의 눈이 마주쳤다.

"엄마, 그냥 써. 있는 그대로. 걱정하지 말구요."

"그래도 되겠니?"

듣고 보니 웃음이 나온다. 그리고 써 나가기 시작했다. 이렇게 간단한 걸.

이 어린 딸이 가끔 내 친구가 되기도 한다. 아니 나보다 더 생각이 깊을 때가 많아 놀랄 때가 있다.

딸아이가 열 살 되던 해 학교에서 공부하던 아이를 데리고 시골로 내려가는데 내 품에 꼭 기댄 채 한마디 말도 없이 움직이지 않는 딸아이의 아픈 마음이 그대로 전해져 와 가슴이 찢어지는 듯했다.

남편에게 “당신 가진 것 얼마 있어? 우리 사직동 하이델베르그에 가자. 아이들이 좋아하는 음식 먹이고 싶어.” 하고 말했다. 하이델베르그는 우리 가족이 함께 할 때 아이들이 가장 좋아하는 장소였다.

음식이 나왔는데 딸아이는 도통 입에 대지를 않는다.

“일 년이야……. 딱 일 년만 헤어져 있는 거야. 일 년 후 우리 다시 만나 함께 사는 거야. 일 년이 아니고 더 빠를 수도 있어.” 큰아이는 눈물을 글썽이면서 “엄마, 빨리 와야 해.” 하는데 딸아이는 내 손을 꼭 잡고 여전히 아무 말도 하지 않는다.

“영비야. 이거 영비가 제일 좋아하는 건데 왜 안 먹어? 먹어. 우리 헤어지는 것 아니야. 우리가 함께 살 수 있는 방값만 되면 엄마가 데리러 올 거야.” 하고 아이의 손에 수저를 쥐어주었지만 고개만 숙이고 있다. 남편이 화를 내고 내가 불안해하기 시작하자 딸아이는 “엄마……. 먹어……. 엄마 먹으면 나도 먹을게. 엄마. 나하고 오빠하고 잘 있을게. 걱정하지마.” 했다. 그렇게까지 의젓하게 참아주었었는데 갑작스런 환경

변화에 적응하느라 얼마나 힘들었던지 딸아이는 한 달 뒤 시력을 급격하게 잃어 글씨가 잘 안 보인다 했다. 잠자리 안경이 올라앉은 작은 얼굴이 너무도 안쓰러웠다.

요즈음에도 잠을 잘 때면 옆에 와서 만져보고 간다. 딸아이는 말했다. "엄마가 없으면 잠이 안 와. 엄마, 나 그때 엄마하고 헤어져 살 때 엄마 보고 싶은 거 참느라고 속울음 많이 울었어."

어린 것이 속울음을 울었다 한다. 별걸 다 안다. 그 어린 나이에 속울음을 알았다니……. 아이에게 참 많은 죄를 진 듯하다.

나하고 남편하고 아이 속을 썩였으면 썩였지 딸아이가 말썽을 피운 적은 없다.

언젠가 아이들이 볼까 싶어 사용하지 않는 사랑방으로 두꺼운 겨울이불 꺼내어 들고 들어가 세 겹을 뒤집어쓰고 펑펑 우는데 딸아이가 이불 사이를 들추고 들어와 조심스럽게 말했다.

"엄마. 내가 무슨 말 하나 해 줄게. 엄마, 잠깐만 그만 울고……. 엄마, 이거 알아? 사람은 슬퍼서 우는 게 아니고 울어서 슬픈 거래. 사람은 기뻐서 웃는 게 아니고 웃어서 기쁜 거래. 그러니까 엄마도 웃어. 그럼 기뻐지니까."

이렇게 착한 딸아이 마음 아프게 한 나는 철없는 엄마다. 언젠가는 셋째 언니가 딸아이에게 "네 엄마 좀 부탁해. 네가 하도 의젓하고 이뻐서 언니 같다. 차라리 네가 엄마 해라." 했다.

가정환경조사서를 메워나가는 어미를 지켜보던 딸아이가 말했다.

"엄마. 우리가 왜 가난한 거야? 이렇게 할 수 있는 거 다 할 수 있는데? 가지고 싶은 거 다 가질 수 있는데 우리가 왜 가난한 거지?"

우리가 왜 가난하냐니! 이 녀석 이렇게 사람 기분 좋게 만든다.

초등학교 사 학년 때 담임선생님한테서 딸아이가 쓴 시에 대한 소감이 담긴 편지 한 통을 받았다.

"참 예쁜 아이입니다. 부럽습니다."

이렇게 나를 세상 부러울 것 없는 사람으로 만든 아이. 나를 어머니의 자리에 서게 만든 아이. 예쁜 아이. 그 아이가 쓴 시를 다시 읽어본다.

엄마에게 드리는 글

이다음에 크면
엄마에게 비단신을 신겨드릴 거예요.
커다란 궁전을 지어,
엄마가 좋아하는 책이 가득한
도서실도 만들어드리고.
고생하는 엄마를 위해,
엄마의 시중을 들어드릴 사람도 구해드리고.
엄마에게 비단옷을 만들어드릴 거예요.
엄마에게 비단신을 신겨드릴 거예요.
엄마가 좋아하는,
꽃이 가득한 넓은 정원도 꾸며드리고.
엄마의 식탁에는,
날마다 백 개의 촛불을 켜드릴거예요.
그리고 엄마가 가고 싶어하는 나라
여행도 시켜드리고.
나는 엄마에게 효도할 거예요.
엄마 제가 클 때까지 참으세요.
엄마의 머리에 왕관을 씌워드리겠어요.
일하느라 더워서 흘러내리는 땀이
이마로 내려오지 않게요.

중학생이 된 요즈음 딸아이는 거울 앞에서 한참 멋을 부리고는 한다. 작은 젖가슴을 지니고 브래지어를 사 달라 떼도 쓴다.

어른스러웠던 딸아이가 요즈음 다시 어려지면서 어리광을 부린다. 용돈도 올려 달라 하고, 찢어진 청바지도 사 달라 하고, 씨디플레이어 꽂고 무릎 흔들거리며 폼도 잡고, 자기 막춤 감상했으니 관람료로 씨디 사 내놓으라 억지 부리고……. 이제 좀 제자리를 찾아가는 것 같기도 하다.

흐음, 요 예쁜 녀석. 이제 내가 다시 엄마 해도 되겠다.

김밥말이

그 해엔 겨울이 유난히 빨리 온다고 했다. 일찍부터 처마 끝이 얼어붙는데 차가운 구들장이, 일찍 진 꽃들이 사뭇 원망스러웠다. 해를 잡고 늘어지고 싶은 마음 위로 두런거리는 아이들의 속삭임이 낙엽처럼 쌓이고 있었다. 추위도 가난만큼 고독하다는 것을 그해 겨울 알았다.

몇 해 전 크리스마스를 앞두고 눈이 많이 와서 읍내서 동네 들어오는 시내버스가 이틀 동안 재를 넘지 못해 끊겼고 아이들은 시냇가에 아기노루가 내려왔었다고 소리 높여 떠들고 다녔다. 대문 없는 마당에 아이들이 눈사람을 두 개나 만들어놓고 미끄럼을 탄다며 비료 푸대를 하나씩 들고 언덕 위로 올라갔다. 누렁이가 신나게 꼬리를 흔들며 아이들을 뒤따르는 것을 본체만체 나는 보일러실을 불안하게 들락거렸다. 일찌감치 저녁밥을 해먹고 방에 들어앉았다. 옛집이라 등은 따뜻한데 웃풍이 세서 누워 있으면 코가 시렸다. 세상이 온통 흰눈으로 덮여 그 새하얀 빛이 달빛마저 하얗게 흡수해버린 밤. 보일러 스위치에서 띠띠 하는 소리가 나더니 비상깜박이가 들어왔다. 기름이 떨어졌다는 신호였다. 하필 이 추운 날……. 무엇보다 나는 아이들에게 미안했다. 그때 문득 좋은 생각이 떠올랐다.

"너희들 김밥놀이 하고 싶다고 했지? 일어나. 김밥놀이 하자. 엄마가 김밥말이 해 줄게. 자, 일어나, 어서 어서."

엎드려서 만화책을 보며 낄낄거리던 두 녀석은 내 말에 뛸 듯이 좋아한다. "정말? 야, 신난다. 정말이지, 엄마?" 나는 그럼, 그럼 하고 고개를 끄덕이며 장롱 속에 있는 이불을 모두 내려놓았다.

"지금부터 김밥 만다아."

먼저 큰 녀석을 이불 속에 넣고 돌돌 말았다. 그리고는 작은 녀석도 둘둘 말았다. 이불 틈새로 얼굴만 쏙 내민 두 녀석이 서로를 보고는 재미있다고 까르륵댄다. 아이들이 밥이고 이불이 김이다. 이게 바로 짱구 만화에 나오는 김밥놀이다.

"움직이지 마! 김밥 풀어진다. 가만있어, 마지

막으로 계란 후라이 덮는다." 하고 담요를 덮어 주었다.

"엄마, 더워. 숨 막혀." 하는 아이들.

"이제 엄마가 책 읽어 줄게. 가만히 들어봐."

그날 밤 나는 아이들에게 유대인의 『탈무드』를 읽어 주었다. 잠자코 듣고 있던 아이들이 어느 새 고른 숨소리를 내기 시작했다. 아이들의 쌔근거리는 숨소리 사이로 밤은 깊어갔다. 점점이 온기가 걷혀 가며 추워지고 있었다. 아이들 옆자리에 비집고 누워 있는데 코끝도 시리고 마음도 시렸다. 이럴 때 체온을 느끼게 해 줄 남편이라도 곁에 있어 주었더라면……. 젠장, 누가 나도 김밥처럼 말아 주었으면…….

추위와 둘이 날이 새도록 누워 있는데 뼛속까지 시려왔다. 문 창호지에 비친 하얀 세상 때문에 시린 게 아니었다. 여인의 옷 벗는 소리처럼 사그락거리며 내리던 눈 때문도 아니었다.

그날 밤 잠이 오지 않은 것은 한겨울 추위에 기름이 떨어져버린 서러움보다는 그 서러움을 함께 나눌 사람이 곁에 없다는 아픔 때문이었다. 그 아픔이 추운 마음을 매섭게 파고들었다.

그 해가 지나고 오늘, 사 년 만에 우리는 크리스마스트리를 했다. 크리스마스트리 장식을 마치자 작은 아이가 "엄마, 우리 김밥놀이 안 할래?" 한다.

(김밥놀이는 무슨……. 더워 죽겠구먼. 그때는 임마, 너희들 안 춥게 하려고 엄마가 별의별 생각을 다 짜냈던 거야. 그때 너희 두 놈 다 이불로 말아 주고 엄마는 말아 줄 사람이 없어서 얼마나 추웠는지 알아?) 생각은 그렇게 했지만 "알았어. 이십 분만 하고 제 위치로들 돌아오는 거다." 하자 아이들이 와, 하고 좋아한다.

그 해엔 참 추웠는데……. 얼마나 추웠는지 지금도 잊혀지지 않는다.

그래도 세상은 온통 봄날

「살아가면서 단 한번도 희망을 놓은 적은 없다.
한 발자국 뒤로 물러서면
절벽 아래로 떨어질 상황이었을 때도
나는 한번도 희망을 놓은 적은 없다.
살아가다 보면
더없이 아름다운 세상을 만날 수 있을 거라고
고집스럽게 믿었다.
돌아보면 사방이 꽉꽉 막힌 벽이었을 때도
잠시 숨을 멈추고 기다렸다.
벽이 열릴 때까지.
하늘은 스스로 돕는 자를 돕는다고 외치면서.
나는 자꾸만 자꾸만 살고 싶다.」

나는 자꾸만, 자꾸만 살고 싶다

월요일이다.

방안에 앉아 있으니 밖이 얼마나 추운지 유리창에 김이 가득 서렸다. 손을 들어 유리를 닦고 내다보니 세찬 바람에 메마른 나뭇가지들이 흔들리고 있다. 길가에 널브러진 종이가 허공으로 치솟더니 날아다닌다. 바람이 많이 부네. 나가기 싫어진다. 저리 세차게 바람이 부니 밖은 얼마나 추울까……. 방안에서 꼼지락거리다가 옷을 두텁게 입고 나섰다. 나서기가 싫어서 그렇지, 일단 거리에 나서면 씩씩해진다.

신탄장에 가면 철교가 있다.

철교 근처, 동화 속에 나오는 그림처럼 잘 지어진 제과점 앞 사거리 공터에 물건을 펴니 사나운 바람은 휙휙 거칠 것 없이 장거리를 쓸고 다닌다.

아아, 춥다. 얼마나 추운지 입술이 얼어서 말도 잘 안 나온다.

에고야, 바람이 하도 세게 불어대 김이 막 날아다닌다. 김 장사 아저씨는 날아간 김 잡으러 다니느라고 난리 났는데 나는 주책맞게 웃음이 나온다.

김 장사 아저씨 구경에 넋을 놓고 있는 사이에 이번엔 목에 걸린 내 스카프가 날아간다. 스카프 주우러 쫓아가니 새카만 화물기차가 그야말로 기차 화통 삶아 먹은 소리를 지르며 철교를 지나간다. 바람이 휘젓고 간 공간을 또 다시 흔들어대는 기차소리가 뼛속까지 시린 기를 밀어 넣는다.

얼른 굴다리 밑으로 뛰어 들어간다. 철걱철걱, 울리는 소리가 재미있다. 철걱철걱……. 어릴 때 기찻길에서 듣던 유년의 소리다.

그 굴다리 밑에 쥐약 파는 아저씨가 내 스카프를 주워들고 계신다. 그 옆으로는 빨래집게와 실타래 등속을 파는 아줌마, 눈만 빼꼼 내놓고 목도리 둘둘 감은 채 꽁꽁 얼다시피 한 감 몇 개 놓고 앉아 계시는 할머니가 보인다.

한 바퀴 둘러본 내 눈길이 닿은 곳은 연탄불 화덕 위에 얌전히 올라 있는 흰 가래떡. 천 원에

여섯 개다. 가래떡 굽는 냄새가 고소하게 퍼진다. 한입 베어 무니 아, 맛있다. 굴다리를 나와 옆자리에 있는 아주머니들 하나씩 잡숴보시라고 가래떡을 돌렸다.

그런데, 아주머니들 모두 어린아이마냥 콧물을 흘린다. 추워서 절로 흐르는 콧물을 닦아내는 손등들은 죄 터져 있고 손마디 끝은 쩍쩍 갈라져 있다.

한 해 동안 피땀 흘려 농사짓고 겨울장에 먹거리 들고 나온 아주머니들 손은 눈 뜨고 볼 수가 없다. 흙일에 다 갈라진 손끝이 얼어서 피가 맺혀 있다. 열 분 중 일고여덟 분은 모두 이런 손을 지니고 있다. 떡가래 물고 서 있는 내가 철없이 느껴져 죄송한 마음이 들 정도다. 알토란 같은 자식 끼고 살아내기 위해서 얼마나 애를 썼던 손들인지……. 이런 날 서로 쳐다보고 있으면 눈물이 난다.

가슴에서 뜨거운 것이 한 주먹 치밀어 올라 손 낫게 해주는 내 화장품을 하나씩 돌렸다. 어차피, 앞으로 남기고 뒤로 밑져 쑥맥 소릴 듣는 내가 아니던가.

화장품 받아든 아주머니들 고마워하시며 시금치, 무, 파, 밤……. 팔려고 가지고 나온 것 조금씩들 들려 주신다. 사양해도 소용없다. 안 받으면 혼난다. 내가 돌린 화장품 값어치를 금세 넘어버린다. 나는 본의 아니게 영악한 사람이 되고 만다.

아픔이 아픔인 줄도 모르고 살아가는 장거리 사람들. 모두 다 운명이려니, 팔자려니 하며 순응하며 살아가는 낮은 자리의 사람들. 주어진 짐을 떠넘기지 않고 자신의 생에 충실한 사람들의 모습을 닮아보고자 했다. 그들의 소박한 마음을 배우고자 했다. 나는 그들에 비하면 더할 수 없이 모자라는 사람이었다.

장터에 나서면서 얼마 파는가는 크게 걱정하지 않아도 되었다. 내가 지금 팔고 다니는 물건은 공장을 하는 아주 가까운 분께서 목돈 만들어 다시 일어서 보라고 상당액의 물건을 그냥 주신 것이다. 원가가 들어가지 않는 장사니 파는 게 다 남는 것이다. 사람 사는 모습 구경하러 다닌다 생각하자고 마음을 다잡으니 장돌뱅이 생활도 그닥 힘들거나 고되지 않았다.

얼마 전 친구가 한번 장터엘 따라와 보겠다고 했다. 백화점에 납품일을 하는 친구인데 내 장사하는 모습을 보고 방법을 바꾸라고 했다. 어차피 난전 장사니 장사도 싸구려처럼 하라고. 길바닥에 퍼질러 앉아 물건을 다 쏟아 쌓아놓고, 말도 필요 없으니 앉아만 있어보라고. 사람들이 몰려들 것이고 그러면 머지않아 목돈이 만들어질 거라고 했다.

그렇게 해 보았다. 길바닥에 앉아 물건을 쏟아 놓았다. 친구의 말처럼. 그렇게 일주일을 일했다. 정말 여러 날 일해야 쥘 수 있는 노동의 대가가 하루 만에 돌아왔다. 몸은 얼음 밴 땅바닥에 앉아 있지만 마음은 따뜻한 구들목에 앉아 있는 듯싶었다. 두툼해진 주머니 때문만은 아니었다.

얼마 전부터 한가한 시간이면 인터넷에 올리곤 했던 내 장터이야기를 읽고 서울서 누가 찾아왔다. 순간, 장터에 서 있는 내 모습을 보이고 싶지 않다는 생각에 멀리서 찾아온 손님을 피해 급히 짐을 쌌다. 당황했던 탓도 있었지만 집으로 돌아오는 내내 나는 기운을 잃었다.

낮은 자리에 선 사람들의 성실함을 닮겠다고 했던 내가……. 비겁하고 속 좁은 짓이었다.

먼 곳에서 온 손님은 내 옆자리 과일노점 순영이 엄마한테 길에서도 따뜻하게 몸을 덥힐 수 있는 손난로를 맡기고 갔다. 그 손난로를 받아들고 얼굴도 모르는 그 분을 떠올리며 나는 자꾸만 자꾸만 살고 싶어졌다.

그날 이후 살을 에는 추위 속에서 늘 나와 함께 한 손난로를 장거리 사람들은 신기해하고 부러워했다.

"그건 어디서 사는 거유. 아이고, 따숩네. 어쩌자고 이렇게 작은 것이 따숩디야. 우리는 돈 있어도 이런 거 어디서 사는 건지 몰라서도 못 사네. 증말로 돈은 있는디."

장 보러 나온 사람들도 한번씩 쳐다보는 손난로. "그거 참 신통하네"들 했다.

춥지만 추운 줄을 모른다. 바람 불던 그 황량한 신탄장 장거리의 추위를 막아주던 작은 손난로, 불어나는 매상, 친근해지는 장거리 사람들,

보이지 않지만 전해져 오는 따뜻한 마음들…….

세상은 온통 봄날이다.

살아가면서 단 한번도 희망을 놓은 적은 없다. 한 발자국 뒤로 물러서면 절벽 아래로 떨어질 상황이었을 때도 나는 한번도 희망을 놓은 적은 없다. 살아가다 보면 더없이 아름다운 세상을 만날 수 있을 거라고 고집스럽게 믿었다.

돌아보면 사방이 꽉꽉 막힌 벽이었을 때도 잠시 숨을 멈추고 기다렸다. 벽이 열릴 때까지. 하늘은 스스로 돕는 자를 돕는다고 외치면서.

나는 자꾸만 자꾸만 살고 싶다.

옥천장 사람들

밤마실 나와 잡혀온 올갱이가 몸을 비틀며 팔려간다.

"가을 올갱이는 어지럼병에 좋습다."

소리치는 목소리에 내가 어지러워지는 가을날. 장날마다 생기나게 춤추던 내 영혼은 삼양리 교각부터 금구리까지 나풀거리며 마실 간다.

"꼬리가 살랑살랑, 눈깔이 말똥말똥한 생선이 왔어유. 팔딱팔딱 뛰노는 오징어도 있슈."

"아줌마, 다섯 켤레 천 원 하는 양말 신어봐. 질긴 것이 사람목숨보다 더햐."

삼양리 교각부터 금구리까지 옥천장은 길기도 하지. 맵기가 시집살이보다 더하다는 고추 앞에 놓고 앉은 아줌마, 마늘농사 잘 지어온 아저씨의 검은 살갗 위로 쏟아져 내리는 한나절의 뙤약볕이 삶의 무게를 잰다.

시할머니 병 수발 3년, 시어머니 병 수발 5년에 떠나보내고 시아주버니 병 수발한다는 두부

장사 아줌마의 그렁그렁한 눈매에 노을은 지고, 에미 없는 손주 녀석 과자값 한다고 호박 여섯 개 들고 온 늙은 할머니의 낙엽 같은 손등에서 파장은 시작되고 "새댁은 고운디 왜 이 짓을 하는겨. 서방 버리고 시집을 가도 이 고생은 안 하것는디." 약장수 아주머니의 말에 밤마실 나와 잡혀온 올갱이 몸을 비틀고, 쌀 닷 되 팔아가지고 집으로 돌아오는 옥천장…….

5로 나누어 떨어지는 날은 옥천장이다.

오늘은 아침식사를 하자마자 옥천장으로 갔다.

장터에서 자리를 잡으려면 소리 지르며 억세게 밀고 들어가 앉아야 하는데 나는 여전히 서툴다. 하지만 좋은 분들이 더 많아 자리를 좁혀 내 앉을 곳을 마련해 주실 때가 훨씬 더 많다.

어제도 비가 왔는데 오늘 날씨도 희끄무리한 게 어째 수상쩍다. 옥천 단위농협 앞에서 쥐포며 명태포 등 마른 반찬거리를 파는 노가리 아저씨. 날씨가 수상쩍다 수상쩍다 하시면서 플라타너스 나무 꼭대기에 비닐을 잡아매고 그것도 모자라 전봇대를 빌어 천막을 치는 우리의 노가리 아저씨. 수고스럽게도 내 자리까지 쳐 주신다.

내 왼쪽으로 과일 팔러온 아줌마. 새벽에 과수원 갔다가 텃밭의 깻잎을 자루에 가득 따와서 신문지 펴고 다듬고 있다. 그러고 보니 깻잎 김치 담기 좋은 계절이다. 그 맞은편 구두수선 아저씨. 장날은 괜히 바빠 서성거린다.

나는 농협 계단 앞 한쪽 편에 좌판을 펼친다.

계단 앞에 앉아 장사하면 참 좋다. 왜냐하면 음……. 계단에 앉아 있으면 사람들 눈에 잘 안 띈다. 손님 없는 시간에 고개 숙이고 책 읽기에 아주 좋은 자리가 계단 둘째 칸이다. 그리고 혹 아는 사람이 지나갈 때 고개 팍 수그리면 몰라보는 자리가 계단 둘째 칸이다.

내 자리 또 한 옆으로는 할머니 한 분이 산초, 도토리 한 말, 찹쌀가루에 잘 말려온 밤고구마 두 광주리, 반들반들 윤기 나는 알밤들을 주섬주섬 펴놓는다. 그리고 바로 맞은편. 한 장에 오천 원씩 하는 티셔츠를 엄청 많이 갖고 다니면서 파는 할아버지와 그 아드님이다. 그 옷가지 진열하는 데만 거의 시간 반이 걸린다.

옷장사 부자 셔츠 진열하고 천막 치고 하는데 갑자기 빗방울이 후두둑 떨어지기 시작하더니 거센 바람이 불어댄다. 노가리 아저씨 좌판 위로 빗방울이 흩뿌려지고 천막 지지대가 휘청거리고 여기저기 옷가지가 도망 다닌다. 할머니의 산초열매가 땅바닥에 흩뿌려지고 길 가던 사람들이 급한 걸음으로 비를 긋기 위해 농협으로 찾아든다.

손수레에 커피 팔러 다니는 영동 아주머니는 "오늘 장사 다했네. 에구야. 어제도 비 와서 쉬었는데 큰일이네." 하고 한숨을 쏟아낸다. 옷 파는 할아버지와 아드님은 난리 났다. 길게 펼쳐놓은 옷가지들이 바람에 춤을 추니 당해낼 재간 없지만 땅에 떨어지면 젖어 옷이 못 쓰게 되니 이리 뛰고 저리 뛰고……. 쳐다보는 나도 안타까워 비 맞은 강아지처럼 같이 뛰기 시작한다. 나야 작은 물건 차에 달랑 들어올리기만 하면 그만이다. 파라솔을 쓰러뜨리고 옷 걸어놓은 받침대를 넘어뜨리며 난리를 치던 비바람이 순간 멈춘다. 언제 그런 일 있었냐는 듯이 햇볕이 쨍쨍거린다.

옆에 앉은 할머니 "호랑이가 시집 가네벼." 하니 지나가던 싱기운 아저씨 "아녀유. 불여우가 시집 가네벼유." 한다. 그러자 할머니 "누가 시집가던 이젠 비가 그치기나 했으면 좋겠구먼." 하시는데 집을 비우고 온 걱정이 듬뿍 묻어난다.

다시는 오지 않을 것 같은 비. 일기예보에도 한 차례 비가 흩뿌린다고 했으니 모두들 비를 막으려 쳐놓은 비닐을 걷고 한숨을 돌리는데 그것도 잠시, 아까보다 더 거센 빗살이 이번에는 천둥번개까지 몰고 왔다. 할머니께선 "큰일났네. 우리 논에 있는 나락 다 쓰러지겄네. 벼 못 베면 워쪄. 큰일났네." 하시며 걱정이 이만저만이 아니다. 노가리 아저씨는 물건 다 못 쓰게 생겼다며 재빠르게 봉고차 문을 열고 물건을 옮겨 싣는다. 그러는 동안 옷장사 할아버지와 아드님은 비닐치랴 옷정리하랴 지친 표정이 역력하다. 내가 나온 시간이 아침 여덟 시 반이었는데 점심시간이 다 되어가는 여지껏 접었다 폈다 물건 진열을 하고 있으니 오죽 지칠까. 더구나 밤 새워 동대문시장까지 물건 하러 다녀왔다는데.

늘 웃는 얼굴이던 할아버지께서 아드님께 화를 내신다. "저쪽을 잡으라고! 너는 눈도 없니? 여기 옷이 다 젖잖아. 저 비닐 가지고 와!" 언성

높이는 것도 처음 보는 일이다. 바라보는 내가 괜히 긴장하여 뛰어가서 비닐을 갖다 드리면 “그만둬요. 옷 다 젖겠네. 감기 들리니까 저리 올라가 있어요” 하시는 할아버지. 그 아드님은 법 없이도 산다고들 하는 사람, 바로 그런 사람이다. 아버지의 역정에도 아무 대꾸 없이 묵묵히 비 맞아가며 옷을 접고 바람에 날아다니는 천막을 건사하느라 몸이 열 개라도 모자란다는 듯이 뛰어다닌다.

그러는 사이 구둣방 아저씨는 얼굴 빼꼼 내놓고 그 광경을 지켜보고 있다. 먹구름이 뒤덮인 하늘을 올려다본 노가리 아저씨. “오늘 장사하기는 영 글렀네. 나 먼저 가유. 수고들 하슈.” 하고 떠난다. 노총각이기에 가능한 일일지 모른다. 집에서 매일같이 손 내미는 학생 둔 가장은 절대로 그렇게 못 떠난다. 한 푼이라도 벌어가야 하기에.

그 난리통에도 내 옆 도토리 할머니와 손님 사이에 오가는 흥정이 꽤나 뜨겁다. “한 말에 삼만 원 내놔유.” 하시는 할머니께 아주머니는 “시세가 한 말에 이만 원인데 왜 삼만 원을 달라고 해유. 이상한 할머니네.” 하고, 할머니는 도토리자루를 움켜쥐시며 "우리 집 영감이 새벽같이 일어나 상수리나무 아래서 보이지 않는 눈 부비며 주운 건데 워째 이만 원에 달라는겨? 새댁은 부모도 없남?" 하고 화를 내신다. "할머니, 여기서 부모가 왜 나와요?" 하고 맞받아치며 언성 높이는 아줌마. 결국 이만 삼천 원에 흥정이 되어 도토리는 팔려나가고 할머니께서는 못내 서운한 듯 "나 잘 팔은겨? 새댁?" 하신다. "잘 파셨어요. 비도 오는데 저거 도로 들고 집에 가시려면 얼마나 무거워요. 할머니, 잘 하셨어요." 하니 할머니께서는 "내가 이렇게 손에 닿는 대로 죄다 뜯어내와 팔아서 이번 추석에 우리 작은 아들 집 산다고 하기에 오백만 원 내놨어." 하신다.

"훌륭하세요. 할머니. 어떻게 그 연세에 일을 하실 생각을 다 하셨어요. 훌륭하세요." 하니 더 기운을 내시며 오가는 사람들의 발걸음을 잡는다.

옷장사 착한 아드님. 농협 문 앞에 쪼그리고 앉았는데 정신은 다른 데 가 있는 듯하다. 커피를 빼 들고가서 "날씨 이러면 힘드시지요? 하고 싶

은 맘도 없지요?" 하니 고개를 끄덕거리며 "네에. 아버님이 저렇게 화내시는 거 처음 봤네." 하고는 여전히 다른 생각에 젖어 있다.

그렇게 서너 차례 비바람이 불고 조용해지니 오후 네 시. 비어 있던 거리에 사람들이 하나 둘씩 몰려들기 시작한다. 옷 좌판에도 사람들이 북적대기 시작하지만 할아버지와 아드님은 다른 날과는 달리 기운이 하나도 없이 서로 눈도 안 부딪치고 말도 건네지 않고 웃지도 않는다. 나는 내 장사보다는 침묵이 흐르는 할아버지와 아드님께 자꾸만 신경이 간다. 이렇게 비바람 치는 날 나왔으니 모두 다 많이나 팔고 가면 오죽이나 좋으련만……. 나는 장거리에 나와 앉아 이렇게 장사를 하는 게 좋다. 북적거리며 살아가는 데서 많은 것을 깨우치고 배우며 살아감에 감사한다.

친구에게서 전화가 왔다.

"비 오는데도 장에 갔니? 정말 너도 청승이다."

"좋아서 하는겨. 내가 좋아서. 좋아서 하는 일은 행복한 거야. 그러니 걱정 안 해두 돼. 요즈음 텔레비전 광고에 나오대. 비싼 냉장고 바라보고 비싼 수입 오븐 바라보면서 값비싼 보석 두른 예쁜 여자가 여자라서 너무 행복해요오 하대. 그거, 그 냉장고 가지면 나도 행복해질까 정말 그럴까?”

친구는 말이 없다.

“그건 농담이고 다 내가 좋아서 하는 일이야. 나, 이렇게 와서 일하는 거 행복해. 여자라서 너무 행복하다구. 이 친구야.”

아줌마도 천 원, 아저씨도 천 원

영동장에 가는 날을 나는 기다린다. 작은 기차역이 그렇고, 그 기차역에서 다른 도시로 향하는 이정표를 바라보는 것도 영동장 가는 날을 기다리게 한다.

요즈음, 산간 지방인 영동의 아침은 안개로 자욱하다. 바로 코앞을 분간하기 어렵기까지 하다. 그 길을 조심스럽게 사알살 달리면 묘한 느낌이 든다. 바로 옆차라든가 뒤따라오는 차를 세워놓고 운전자와 말을 하고 싶게 긴장감이 사라진다. 음……. 예를 들어, 지나가는 차를 세워놓고 안개가, 참 안개가 자욱하네요……. 저 산길 걷고 싶지 않으세요? 하고 말을 걸고 싶다는 좀 요상한 생각이다.

거 참 묘하네. 가을은……. 가을은 이래서 안 돼!

가끔 술을 마실 때가 있다. 팩 소주를 사서 조끼주머니에 넣고 비닐에 싸서 조금씩 조금씩 빨대로 마시면 시간이 빨리 지나가고 생각이 많아진다.

난 혼자 노는 것을 좋아한다. 통신으로만 만나 나를 직접 본 적이 없는 언니는 이런 나를 걱정하며 "혹시 손발이 달달 떨리지 않니? 술 마시지 마. 그러다 중독돼." 하며 순진한 발언을 하신다. 난 속으로 흐흐…… 하고 웃는다.

"언니 우찌 알았대요? 나 손발 떨리는 거. 그럼 주독 들려 코끝 빨간 것도 알아? 걸어가다 내가 내 발에 걸려 넘어지는 것도 알아? 서울 가려다 방향감각이 없어 휴전선까지 간 것도 알아?" 하면 언니는 "안 돼. 어쩌려고 그래." 하며 걱정이 크다.

내가 오늘 술 마시고 싶은 까닭은 영동장에 나타나는 천 원짜리 아저씨 때문이다. 그 아저씨는 신체 구조가 남다르다. 열두 살에 성장이 멎었다는데 성장이 멎으면 똑같이 멎을 일이지 구강부분은 계속 성장했단다. 그러니 얼굴은 작은데 입이 얼굴의 절반이나 되어버려 바라보기에 민망할 정도다.

그러나 다른 사람들이 구경삼아 던지는 시선 견디기보다 아저씨에게 더 힘든 것은 말하는 것이라고 했다. 말하기가 아주 힘들고 벅차다고. 그런데 말대답을 해야 하는 장사를 한다.

아저씨는 일 톤 트럭에 천 원짜리 물건을 싣고 다닌다. 누구의 목소리인지 모르지만 바가지 깨지는 듯한 녹음 목소리가 스피커에서 흐른다.

"효자손이 천 원. 빗자루가 천 원. 방맹이가 천 원. 남비가 천 원……."

그러고 보니 천 원이면 세상사 모두가 해결될 듯 신이 난다. 그 아저씨, 차를 세워놓고 가끔 부인과 다툴 때가 있다. 힘겹게 입을 벌려 말씨름하는 아저씨. 어느새 슬쩍 없어져 눈으로 찾아보면 감나무 밑에 앉아 소주병 들이키고 있다. 그때…… 그때…… 나도 술 한 잔 마시고 싶어진다.

술 한 병 비운 아저씨. 벌떡 일어나 녹음테이프 끄고 마이크 잡는다. "마누라보다 더 질긴 바가지도 천 원. 싸가지 없는 자식놈보다 나은 효자손도 천 원." 그리고는 그다음 말이 걸작이다. "아줌마도 천 원. 아저씨도 천 원." 하면 지나가는 사람들 다 웃으며 걸음을 멈춘다. "어느 아줌마가 천 원이요?" 하고 물으면 그 아저씨, 좀 전에 싸우던 그 집 아줌마를 가리킨다. 나는 뒤돌아서 혼자 따라해 본다.

"아줌마도 천 원!! 아저씨도 천 원!!"

재밌다.

"아줌마도 천 원!! 아저씨도 천 원!!"

그런데 자꾸 해 보니 슬프다. 누가 나는 천 원에 안 사가려나. 나도 천 원에 팔아버릴까 보다….

빈처

도로변에 감나무를 줄지어 심어놓은 영동읍의 장거리. 주인 없는 감이 홍건히 익어가 하늘을 올려다보면 군침이 돈다. 하나 따먹고 싶은데 장대가 안 보이네. 옆에서 과일 파는 아저씨, 신발짝을 던져 떨어뜨려 보자고 하는데, 코앞에 홍시감 가득 놓고 팔면서 심술부리긴.

과일 아저씨 옆. 좌판 하나 놓고 젊은 부부가 액세서리를 판다. 예쁜 머리핀, 아롱다롱 빛깔 고운 머리띠, 색색의 고무줄, 머플러, 꼬마지갑, 엄마 손지갑……. 대개는 오백 원에서 천 원이요, 가장 비싼 것은 오천 원.

액세서리 파는 그 남자와 그 여자는 말투가 느리고 어눌하다. 귀를 기울이고 들어야 무슨 말을 하는지 정확히 알 수 있다.

남자가 하나를 팔아 천 원을 받으면 아내에게 오백 원을 준다. 그러면 그녀는 오백 원을 들고 막 뛰어가 핫도그를 사 가지고 온다. 얼굴에 웃음이 환하다. 그 핫도그를 들고 둘이 나누어 먹는다. 웃으면서 그 여자 한입 먹고 다시 남자의 입에 대어주고…….

얼마간의 시간이 흐르고 다시 손님이 붙어 물건을 팔면 이번에는 커피를 빼러 간다. 그리고는 커피 한 잔을 둘이 나눠 마신다. 호호 불면서. 그 모습을 바라보던 과일아저씨, 귤 하나를 여자에게 준다. 여자는 고개를 꾸벅하고 귤을 받아들고는 그 남자와 나누어 먹는다.

그 모습이 얼마나 행복해 보이던지. 어린아이들 소꿉장난하듯 늘 그렇게 둘이 마주보고 웃고 만져 주고. 물건 판 돈 차곡차곡 모아 세고 또 세어보고는 다시 아내에게 건네주어 다시 세어보게 하고…….

그러던 어느 날부터 남자가 내 좌판 앞으로 빈 걸음을 놓고 간다. 그리고는 어렵게 말을 꺼내는데 "이 정도 물건을 갖추려면 얼마나 있어야 하나요?"

"한 백만 원 정도면 됩니다."

남자는 뒤로 숨을 껄떡 넘기며 놀란다. 그리고는 여자에게 다가가 뭔가 소곤거리더니 다시 돌아와 아주 기본적인 것만 갖추는 데는 얼마면 되겠느냐고 다시 묻는다. 그래서 이번에는 놀라지 말라고 "오십만 원이요." 했는데 그래도 "헤엑..!!" 하고는 숨을 못 쉰다.(에구야)

그 남자, 네에, 하고 돌아서는데 그 모습을 보니 내가 다 기운이 빠진다.

"저기…… 이거 하고 싶으세요?"

"네. 제 아내한테 해 주고 싶은데. 제 옆에 놓고 함께 하면 되니까……. 그런데 아직 돈을 더 모아야겠네요."

감나무 사이로 찾아 내리는 햇살 아래서 시 한 편을 읽는다. 시집을 펴들고 앉아서도 자꾸 그 여자와 남자를 쳐다보게 된다. 물건을 또 하나 팔았는지 그 남자의 아내가 이번에는 어묵꼬치를 들고 있다. 어묵꼬치를 남자의 입에 넣어 주고 자신도 한 입 베어 물고. 여자는 남자를 다정하게 바라보고 남자는 여자를 사랑스럽게 바라본다.

남자에게서는 여자에 대한, 세상에 대한 성실함이 느껴진다. 그러고 보니 아직 한 번도 그 남자가 화난 얼굴을 하고 있는 것을 본 적이 없는 것 같다. 문득 그의 아내도 뭔가 함께 일을 하면 좋을 텐데 하는 생각이 든다. 나는 그 부부에게 다가가 제안을 했다.

"내 물건을 대어 줄 테니 해 볼래요?"

남자는 믿기지 않는다는 표정으로 나를 쳐다보다가 다시 아내를 마주보고 웃는다.

"내 물건을 대어 줄게요. 한번 해 봐요. 그리고 돈은 나중에 줘요." 하니 "정말이요? 왜요?" 하고는 또 웃는다.

"돈이 없다면서요. 나는 물건 많아요. 그러니까 신경 안 써도 돼요." 그제야 둘은 정신이 없는 듯 이마를 맞대고 소곤거린다.

다시 시 한편을 읽는다.

……. 한 때 적요로움의 울음이 있었던 때. 한 슬픔이 문을 닫으면 또 한 슬픔이 문을 여는 것을…….

문득 책장 밑으로 그 여자의 신발이 보인다. 고개를 들자 그녀가 말을 시작한다.

"진짜로 그럴 거예요? 그럼 싸인해 줘요. 진짜라고, 마음 안 변할 거라고."

여자의 입에 이번엔 먹다 남은 호떡이 들어 있다.

"싸인? 그래요. 뭐라고 써야 하나……."

노트를 뜯어 여자의 말대로 싸인을 했다. 물건을 대 줄 테니 장사 열심히 하세요 라고 써서 그녀에게 건네줬다. 그녀는 가만히 글씨를 들여다보더니 꾸벅 절을 하고 돌아갔다.

아마도 내게서 조금만 생각이 덜어진다면 그녀의 모습이 바로 나였을 게다…….

테미고개

뜨거운 햇볕이 사뭇 머리가 벗겨질 듯 쏟아진다고 하며 색색이 고운 양산 하나씩 가볍게 들어올려 햇빛을 가리며 여자들이 지나간다. 도심지의 한 주일 중 하루, 테미고개에 모여드는 장사꾼이 백여 명이 넘게 큰 장이 들어서는 금요장이다.

언젠가 금요장이 끝나고 집으로 돌아가던 중 익숙한 길임에도 그예 잘못 들어 통영고속도로 앞까지 가서 난감해하다가 끝내는 "오늘밤 집에나 갈는지 모르겠다." 조바심 태우며 다시 고속도로를 타고 집으로 돌아왔던 적이 있다. 참내, 이럴 수는 없다, 어찌 이리 답답할까, 하고 스스로도 이해가 안 되는 길치인 것은 애저녁에 인정했지만, 오늘 금요장 가는 길 역시 도청을 지나면서 서너 번 골목을 잘못 찾아들고 말았다. 문득 작은언니가 한 말이 떠올랐다.

"참, 억지로 산다. 어찌 그렇게 억지로 살 수가

있니. 그거 마지못해 사는 거 아니니. 어떡하면 좋으니." 하다가는 "너, 참 대단하다." 했을 때 나는 작은언니에게 소리를 빽 질렀다.

"언니는 억지로라도 살아야 한다는 생각 해 본 적 있어? 억지로 산다고? 그래. 하긴 그래. 살아가면서 그렇게 생각한 날이 더 많았다는 것은……. 그렇지만 꼭 억지로만은 아니고 살아야 한다는 책임감에 두 다리에 힘주고 나설 때도 있어. 그럴 마음이 들 때는 그래도 행복했단 말야. 그것도 억지로인가? 언니 눈에 내가 사는 게 억지로 보인다 해도 내 생에 대해 그렇게 함부로 말하지는 말아." 하고 화를 내며 전화를 덜컥 끊은 적이 있다.

오늘 억지로 길을 찾아와 금요장터에 짐을 풀었다. 한발 늦은 터라 마땅한 자리 찾아내지 못하고 아주머니 두 분이 곡물을 풀어놓고 장사하는 뒤쪽으로 물건을 폈다.

파라솔을 쳐서 물건에 쏟아지는 햇빛을 가리고 그늘을 찾아 앉았다. 무기력하게 지쳐가는 더위 속에 시간은 흐르고 앞쪽으로 앉은 아주머니

두 분. 곱슬곱슬 억세게 파마한 머리도 똑같고 아카시아 나뭇가지 사이로 햇볕에 내놓아 검고 거칠게 타버린 살갗도 똑같은 두 분 아주머니께서 검은 우산을 쓰고 앉았는데 똑같이 고개 맞추어 졸기 시작한다.

햇빛을 가리던 우산은 졸음 속에 던져져 그늘은 없어지고 길가로 우산이 나뒹구는데도 두 분 아주머니는 이쪽저쪽으로 고개를 흔들며 졸음에서 영 헤어나지를 못하고 있다.

오가는 사람들이 짝 맞추어 졸고 있는 아주머니를 무표정하게 바라본다. 옆자리에서는 참외장사가 연신 손뼉을 치며 참외를 시끄럽게 팔고 있지만 얼마나 고된지 주변의 소란쯤은 아랑곳없이 쓰러지고 있다.

언젠가 두 분 모습이 비슷하여 "자매세요?" 하고 여쭈어 본 적이 있는데 "아니요. 먼 친척요." 하고 얼른 말을 거두는 짤막한 답을 들은 적이 있다.

자동차가 흔한 세상이라 한 집에 한 사람쯤은 운전할 사람이 있을 법도 한데 두 발에만 의지해야 하니 그 무거운 파라솔은 가지고 다닐 엄두도

못 내고 두 아주머니는 무거운 짐보따리를 바리바리 싸들고 버스를 타고 다닌다 했다.

여기 금요장이 끝나는 저녁 일곱 시에는 다시 대전역으로 가서 남은 물건을 팔고 가는데, 막차를 타고 집에 들어가면 밀린 농사일이 지천으로 널려 있어 그때부터 하우스에 불을 밝히고 농사일이야 집안일을 하고 나면 새벽 두세 시가 되지만 아침에는 남들보다 더 일찍 일어나야 한다고 했다. "워낙 집안일이 많아서……."

두 분 아주머니의 어깨가 사정없이 무너지면서 얼굴이 땅으로 쏟아질 듯한 상태에서 한동안 자세가 멈춘다. 어젯밤엔 새벽이 되어서야 바닥에 등을 붙이셨는가. 사는 것이 억지로…… 인가?

내 앉은 자리 옆에 병원건물을 끼고 화단이 들어서 있다. 화단 안으로 들어가 아가의 얼굴처럼 커다란 오동나뭇잎 네 장 따서 끈으로 묶었다. 그리고는 내 앞에 앉아 졸고 있는 아주머니들 머리 위로 올리니 졸린 눈꺼풀을 간신히 밀어올리고는 "그래도 시원하네. 자꾸 졸려 큰일났네." 하며 웃으신다.

다시 오동나뭇잎 네 장을 따서 내 머리 위에 걸쳐 보니 개구리 왕눈이 생각이 난다.

그늘 찾아 나무에 등 대고 앉아서 네 잎 클로버 찾으면서 장사는 하지 않고 혼자 실컷 놀다 지친 끝, 저녁그늘을 기다렸던 사람들이 하나둘 장거리에 나올 때서야 좌판 앞에 돌아와 목청을 높였다.

고운 사람

늘 생각이 많아서 스스로에게 묻기도 한다. 무슨 생각이 이렇게 많은 거지? 나는 여지껏 무슨 생각을 하고 산 거지? 지금 내가 선 자리를 놓지 못하고 붙들고 있는 우유부단함. 어디에 희망을 둔 것일까.

이젠 냉정해야 할 필요가 있는 게 아닐까. 서로를 위해서 남겨진 시간이 얼마 없는데……. 그렇지만 돌아선다 해도 언제나 가난의 뒷골목에서 서성이며 그냥 살아가는 데만도 안간힘을 쓸 것이며, 서늘함이 물든 이마를 들고 그림자처럼 따라다니는 외로움 속에서 하루를 보낼 것이며, 여전히 타인을 미워하는 마음을 버리지 못할 것이며……. 그렇다면 어떻게 해야 하는 것인지…. 이렇게 끝이 나지 않는 생각.

아아, 덥다. 그러고 보니 덥다. 오늘은 이만 생각하기로 하자. 생각이 길어진 것을 보니 오늘은 손님이 없었네.

장사가 되질 않는다. 얼음 가득 넣은 보릿물을 마시며 더위를 식히고 있는데 한 눈에 정신이 번쩍 들 만큼 시원한 옷차림의 미인이 걸어오고 있다.

장거리에서 미인을 본다는 것이 어느새 내겐 작은 즐거움이 되어 버렸다. 내게도 저런 시절이 있었지. 사는 데 목숨 걸지 않고 옷맵시를 가다듬으며 높은 구두를 신고 또각거리며 걷던 날이…….

하늘색 투피스에 단정하게 틀어올린 흑갈색 머리카락 사이로 드러난 긴 목이 아름다웠다. 곧게 뻗은 등선을 지나 짧은 치마 아래 늘씬하고 하얗게 드러난 다리 끝 샌들의 장식이 햇빛에 눈부셔 고개를 돌렸다. 다시 고개를 들어 내가 앉은 쪽으로 방향을 틀어 걸어오는 여자를 올려다보는데, 환하게 웃는다. 환하게 웃는다 해도 나와는 상관없는 이. 우아한 차림새로 보아서 내가 파는 싸구려 물건과는 상관이 없을 듯한 저 여자.

그녀가 내 앞에 멈추더니 "저기 지난 겨울 저쪽 신협 앞에서 물건 안 팔았어요?" 한다. "저요?" 하니 그 여자가 웃으면서 고개를 끄덕이는데 누군지 생각이 나질 않는다.

여자는 기억을 구체화시킨다. "지난 일월 눈 오는 날, 눈 펑펑 내리던 날 말이에요. 제가 첫날 물건 많이 가지고 가고 그 다음 장에도 가서 사고 또 그 다음 장에도. 나보고 뭐하러 이렇게 많이 사가느냐고 물어도 봤잖아요."

"아아, 맞아요 맞아. 그런 일 있었어요. 그런데 그분이세요? 아니 어쩜 이렇게 젊어지셨어요? 늘 생각은 하고 있었는데 몰라봤어요." 반가운 마음을 숨길 수 없어 좋아라했다.

"내가 젊어졌어요? 애기엄마한테 산 그 화장품만 바르고 다녔는데. 내가 그 후로 몇 번이나 와서 찾아다녔는데 안 보이더라구요. 사람들한테 물어봐도 모른다고 하고. 무슨 일 있었어요?"

"아닙니다. 잘 지냈어요. 여긴 몇 번만 오고 시골장으로 갔어요. 저 찾으셨어요?"

"네. 주위사람들한테 선물도 하고 소개도 하고 해서 물건 더 구입하려고 여러 번 왔었는데 이렇게 만나네. 나는 혹시 무슨 일 있나 하고 걱정했는데. 그랬구나……."

"그러셨군요. 고맙습니다. 저도 가끔 생각났는데."

"내가 고맙지요. 좋은 물건 싸게 사서."

그녀는 이야기 끝에 내 앞으로 앉는다. 이것저것 물건을 고르면서 한 마디 한 마디 건네는 말이 편하면서도 신실하다.

"애기엄마가 권할 만한 것들 나한테 골라줘 봐요." 하는데 아무래도 필요하지 않은 물건 사는 듯싶어 "다음에 필요할 때 사세요. 그때 사 가신 것 많이 있을 텐데. 다음에, 이 다음에 화장품 다 쓰셨을 때 팔아주세요." 하니 "아니요. 주위사람들한테 많이 선물해서 없어요. 이것저것 좋은 것들 좀 권해줘 보세요. 그리고 참 전화번호 좀 알려줄 수 있어요? 안 나오니까 궁금하더라구요. 내가 여기저기 말해놓아서 사달라는 사람들이 많은데 오늘은 몇 개만 사 가고 다음번에 내 전화할게요. 장에 못 나올 듯싶으면 우리 집으로 가지고 와도 돼요" 한다. 난 답을 하지 않고 가만히 쳐다보고 웃다가 "여전히 아름다우세요. 전 누가 저렇게 예쁜 분이 지나가나 하고 넋 놓고 바라보고 있었어요. 가끔 생각은 했었는데 그때 그분이라고는 전혀 생각하지 않았어요. 전하곤 전혀 다른 모습이어서." 하고 마음에 있는 말을 가림 없이 다 쏟아내고서도 감사의 말을 더 전하고 싶어서 "얼굴하고 마음 고우신 분은요, 이렇게 싼 거 발라도 여전히 예쁘시고요. 얼굴 미운 사람은요, 아무리 비싼 거 찾아 발라도 안 예뻐져요 하하." 내가 말하고 내 말에 민망해져 웃어버리자 "우스개 소리도 잘 하네요." 하고 하얀 이가 다 드러나도록 웃어댄다.

그녀가 이것저것 물건을 구입하여 돌아가고 나자 장터에서 내 물건을 필요로 하고 기다리는 사람이 있었다는 사실에 힘이 났고 감사했다.

그녀를 처음 본 것은 지난 겨울이었다. 아침부터 하늘이 찌뿌드하게 흐려 있었고 일기예보에서는 중부지방에 폭설이 쏟아질 거라고 했다.

장거리 찾아나서길 포기하고 가계부를 정리하는데 여기저기서 날아온 공과금 고지서가 수북이 쌓여 있다. 돈 들어갈 데는 많고 마음이 무거운 게 쉬어도 쉬는 것 같지 않게 불안하여 밖으로 나가 하늘을 올려다보았다. 지금은 눈이 쌓이지 않았으니 먼 거리 아니면 눈이 내린다 해도 돌아오는 길이 위험하진 않겠지 하는 생각으로 언젠가 장거리에서 귀동냥으로 들은 금요장을 찾아 나섰다.

보도 위에 장이 서 있었다. 얼마나 긴지 서로의 끝이 보이지 않았다. 장거리 끝인 신협 앞에 물건을 내려놓고 앉았는데 바람이 세차게 불어대며 눈보라가 일기 시작하더니 이내 굵은 눈송이로 변해 퍼붓기 시작했다.

하나도 못 팔고 돌아가서야 하는 오기가 들쑤셔대기도 했지만 그보다는 한 개라도 팔아야겠다는 마음으로 물건에 쌓이는 눈을 털어가며 손님을 기다렸다. 장을 보러 왔던 사람들의 발길이 끊기고 있었다.

옆자리 장사꾼들도 좌판을 접고 장거리가 비어갈 즈음 밍크코트를 입은 여자가 천천히 지나가면서 발걸음을 멈추었다. 밍크코트가 참 잘 어울린다 싶은 귀부인이었다.

내 앞에 선 그녀가 "이게 뭐예요?" 하며 조심스럽게 입을 뗐는데, 나는 괜한 심술이 나서 '보면 모르나. 뭐냐니?' 하고 마음속으로 한마디 뱉고는 대답도 하지 않았다.

"이게 뭐예요?" 하고 다시 한번 묻는다. "화장품

요." 하고 퉁명스럽게 말을 던졌다. 여느 사람들처럼, 싸구려 물건이네, 이런 것을 어떻게 믿고 살까, 한마디 하고 돌아서겠지. 지레짐작하며 건성으로 그녀를 흘겨보고 있었다.

그녀가 "한번 볼까요?" 하고 좌판 앞에 쪼그리고 앉아 "머리에 눈 쌓인 것 좀 봐. 춥지 않아요?" 하면서 이것저것 화장품을 골라 내놓기 시작하자 지나가던 사람들이 발걸음을 멈추고 앉아 고르기 시작한다. 그냥 지나치는 사람이 없이 무슨 일인가 하고 호기심이 나는지 모두들 발걸음을 멈추고 내 물건 앞에 빙 둘러 앉는다. 한 사람이 돈을 지불하며 물건을 구입하니 앉아 있던 사람들이 모두 따라서 사기 시작한다. 주머니가 불러왔다. 이것저것 손님들이 골라놓은 것들을 싸주는 동안 그녀는 옆으로 비켜서서 나를 바라보고 있었는데 그녀의 표정이 흐뭇해 보였던 것은 내 주머니가 불러서인가. 참 기분이 좋았다.

손님들이 모두 가고 그녀는 골라놓은 물건을 싸달라고 했다. 물건을 싸주면서 "고맙습니다. 기다려 주서서. 사모님 덕분에 많이 판 것 같아요. 옛말이 하나도 틀린 것 없어요. 남 따라 장에

간다고. 고우신 분이 제 물건 고르고 있으니까 믿음이 갔던 모양이에요. 좋은 물건이라고 아무리 소리쳐도 믿지 않는 분들이." 하고 감사의 말을 전했다.

물건을 사고파는 데서도 이런 믿음이 싹틀 수 있구나, 장거리에서 처음으로 느낀 순간이었다. 그냥 신이 나서, 괜시리 신이 나서 눈이 오는 장거리에 오래도록 서 있었다.

그녀를 다시 만난 오늘. 그때를 생각하니 흐르던 땀이 상쾌하게 가신다. 한마디의 말, 천 냥 빚을 갚는다는 그 말, 따뜻한 말 한마디가 얼마나 큰 힘이 되었던가.

그 여자와 그 남자

그 여자.

도랑의 다리 위에서 두부를 파는 장거리의 그녀는 쉰 살이 훨씬 넘어 보이는데 실제 나이는 서른아홉이라고 했다.

얼굴에 그늘이 많고 입을 꼭 다문 게 얼마나 고집스러워 보이는지 어쩌면 그녀는 말을 할 줄도 모르는 게 아닐까 하는 혼자 생각이 절로 드는데 그녀 앞으로 사람이 지나치면 "두부 한 모 팔아줘유!" 하고 외치는 소리가 어찌나 큰지 저만치 가다가 뒤돌아보며 "기차화통을 삶아먹었나?" 하는 이도 있었다.

그런 그녀가 어느 한사람에게는 목소리가 아주 작아진다. 그녀의 남편이라고 불러주기보다는 사내, 그냥 사내라고 부르고 싶다.

그 사내는 점심을 두부로 때우고 있는 그녀 앞으로 다가간다. 주위의 장사꾼들 시선이 조용히 따라붙고 이미 취기가 느껴지는 그 사내는 "야!!

이 년아!" 하고 욕을 하기 시작했다.

발로 두부가 담긴 통을 차면서 "얼마 벌었냐? 돈 내놔 봐." 하면 그녀는 겁먹은 얼굴로 한쪽 주머니에서 돈을 꺼내놓았다. 사내는 돈을 받아들고 여자의 발목을 움켜쥐고는 양말을 벗겨 내려 보고 신발을 흔들어 본다. 소득이 신통찮으면 "오늘은 어디다 숨겼어? 이 년이?" 하고 머리를 쥐어박거나 머리채를 잡아끈다. 주위 사람들은 이미 사내의 행실을 알고 있어 말리기를 꺼려했다. 말리는 사람에게 붙어 끈질기게 시비를 거니 그날 장사를 포기할 작정이라면 모를까, 아무도 사내를 말리려 들지 않았다.

어쩌다 연세 높으신 어른께서 "이 사람아. 그게 할 짓인가. 마누라인 모양인데 거리에서 이리 고생을 하는데 젊은 사람이 같이 노력해서 돈 벌고 아껴줘야지, 그럼 못 쓰네." 하면 어른도 몰라보고 달려들어 멱살을 잡아 흔드는 사내에게 그녀는 그러지 말라고 매달려 애원을 했다.

멀리서 장을 보던 사람들도 모두 그 모습을 바라보고 "요즈음에도 저런 사람이 있네. 에구 딱하기도 해라. 저를 어째." 하는 동정의 말을 너도

나도 쏟아놓고 돌아서면 그 사내는 비틀거리며 욕설을 퍼붓고 사라진다.

그녀는 오늘 몹시도 기운이 없어 보였다. 다른 날과는 달리 그녀 앞으로 지나가는 사람들을 향해 "두부 한 모만 팔아줘유!" 하고 소리치지도 않았다. 그러다가 갑자기 그녀의 울음소리가 들리고 두부 담긴 통이 엎어진다. 그 소리가 얼마나 서럽고 크던지 길 건너에서 바라보는 내 바로 앞에서 울음을 쏟아내는 듯했다.

나물을 팔러 나온 옆자리 할머니들께서 쏟아진 두부를 담아주며 "그려. 울어 울어. 실컷 울어. 에이 몹쓸 놈." 하고는 등을 다독거려 주었다.

그녀의 단칸방에는 중풍으로 몸져누운 칠순의 친정어머니와 소아마비에 걸린 열한 살짜리 딸아이가 있다고 한다. 그래서, 그래서 어찌 해보지도 못하고 그게 운명이려니 하고 사내의 비위를 맞추며 산다고 했다. 그러지 않으면 집에 있는 그녀의 친정어머니나 딸아이가 겁에 질린 채 병석에서 그 행패를 다 당해야 한다고 했다.

그 얘기를 듣고 나는 그녀를 다시 바라보았다.

아니다……. 그녀가 진정 떠나지 못하고 그것

을 참고 있는 것은 아마도 그 사내에 대해 희망을 버리지 못하고 있기 때문이 아닐까. 사내 앞에서 목소리가 작아지고 사내를 다독거리고 있음은 그녀도 다른 이들처럼 좋은 남편과 사랑하는 어머니와 딸아이와 함께 행복한 가정을 꾸리고 싶은 그 희망을 놓지 못하고 있어서가 아닐까.

길 건너에 있는 나는 마음이 사뭇 아파온다. 마음 같아서는 그 두부를 다 사가지고 오고 싶었다. 그리고 그녀에게 "술 하실 줄 아세요? 술 한잔 같이 할래요?" 하고 싶은 마음 굴뚝 같았지만 그렇게 하지 못했던 것은 어쩌면 그녀와 술을 함께 하다가 내가 더 크게 울어버릴 것 같아서였다.

그 남자.

장거리의 그 남자는 키가 전봇대만큼 훌쩍 커서 어디에서도 눈에 띄는 남자다. 머리에는 다 해진 챙 넓은 밀짚모자를 눌러쓰고 요즈음처럼 햇빛이 뜨거운 날에도 두터운 겨울 점퍼를 걸쳐입고 양손에는 자신의 키 서너 배쯤은 너끈히 되는 검은 고무줄을 끌고 다니며 "고무줄 사요. 파자마에 넣는 고무줄. 몸빼바지에도 넣는 고무줄.

질긴 게 사람목숨보다 더하다는 고무줄. 이 긴 고무줄이 세 줄에 천 원이유." 하던 그 아저씨의 목소리는 키에 비해 얼마나 작은지 쫓아다녀야 그 소리를 들어낼 수 있었고 어느 날은 투명하게 들리기까지 했다.

세수를 언제 했는지 모를 그 남자는 잠시도 서 있지 않고 그 고무줄을 끌고 장거리를 부지런히 다니지만 요즈음 누가 고무줄을 살까…… 싶었다.

오늘은 다른 날과는 다르게 한손에는 편지봉투를 들고 다른 한손에는 예의 그 길고긴 고무줄을 들고 다니면서 들릴 듯 말 듯한 소리를 외치는 그 남자의 모습이 어딘지 모르게 불안하게 휘청거렸다. 긴 다리가 감기기도 하고 며칠은 아무것도 먹지 못한 것 같은…….

참외장수 아저씨가 상처 난 참외를 쓰레기통에 버린다. 그 남자는 참외장수 아저씨가 버린 참외를 꺼내들고 그 아저씨 앞으로 가 머리를 꾸벅 숙이고는 오래된 술도가가 있는 골목으로 향했다. 한시도 그 남자에게서 시선을 떼지 못하고 있던 나는 몰래 따라갔다.

술도가의 벽에 기대앉아 그 남자가 허겁대며 먹

는 참외. 아무렇게나 길어버린 턱수염 아래로 단물이 흘러내릴 때 나는 비로소 시선을 돌렸다.

잠시 후 그 남자가 걸어 나오는 앞으로 다가가 "아저씨 그 편지봉투 두 묶음 주세요." 하니 "부조할 데가 많은가 보지요." 하고는 건넨다. 내가 "아니요. 편지 쓰려구요." 하니 "요즈음도 편지 써요? 나도 옛날에는 편지 썼었는데." 하고 반응을 보이는 목소리가 커진다. "네에. 그러셨어요?" 돈을 건네받는 그 남자의 손에 뼈가 선연히 드러나 보인다.

뒤돌아서다 다시 "아저씨. 고무줄도 천 원어치 주세요." 하니 "이 고무줄 엄청 질겨유." 하며 그 긴 고무줄을 둘둘 감느라 애를 쓰지만 정말 오랜만에 팔았다는 기쁨이 때 묻은 얼굴에 역력했다.

고무줄을 받아들고 집으로 돌아오면서 동네 꼬마들이 문 닫은 주유소 마당에서 놀고 있는 것을 보고 차를 세웠다. "이걸로 고무줄 놀이해." 하고 한 줄을 건네주니 꼬마아이들이 여간 신나해 하지 않는다.

그날 저녁 내내, 그 고무줄처럼 길게 드리워졌던 남자의 그림자가 쉽게 지워지지 않았다.

빈집

비인 집에 피어난 꽃에게 나비가 놀러왔다.

새가 날아와 나뭇가지에 앉는다.

녹슨 대문 활짝 열어 놓고 오래된 가구가 들어간다.

꿈 많은 아이가 뒤따라 들어간다.

비인 마당에서 하늘을 올려다보았다.

동그랗게 뛰어놀던 유년이 흐르고 "배고파, 엄마." 하는 아이의 목소리에 시간을 지나 이미 어른이 되어 가난한 집의 울타리로 서 있는 내 모습이 저녁 하늘같이 쓸쓸하다.

저 혼자 자라난 텃밭의 푸른잎을 따서 된장국을 끓이고 뒷문을 여니, 거기 잊지 않고 얇은 달이 찾아와 주었다.

그 집을 처음 보았던 날은 언덕 위로 넘어가는 노을을 좀더 가까이 보기 위하여 낮은 산을 넘어서면서였다. 멀리 낮은 울타리와 한옆으로 지붕

이 몰려 쓰러질 듯 기운 집이 못내 가엾게 여겨졌다. 허름한 담장 위로 올라온 기둥에서 하얀 연기가 피어오르는 것을 보았을 땐 잘 기억해내지 못했던 오래된 시간을 찾아낼 듯싶었다.

노을 속에 피어오르는 연기와 싸리문 쪽으로 한 계단씩 높아져가던 돌계단 옆으로 한 개 남은 홍시감을 달고 있는 나무가 겨울처럼 서 있었다. 산으로 올라가던 발걸음을 멈추고 돌계단을 하나씩 조심스럽게 밟고 올라섰다.

앞마당은 땅 따먹기 하던 그때 가장 많은 땅을 가져보았던, 한 발을 들고 열 깨금을 뛰었던 꼭 그 넓이만큼 만했다. 앞마당이 좁은 대신 장독대는 원 없이 컸고 그 장독대 위에 호박고지며 감과 고구마를 얇게 저며 놓은 것들이 채반에 널려 있었다. 알뜰한 저녁을 맞기 위한 단정한 집이라기보다는 왠지 등 하나 걸어 내놓고 누군가 들어와 불 밝혀 주기를 기다리는 모습이었다.

사립문을 열고 들어서다가 뒷걸음질쳤다. 뜨락 위에 남자신발 한 켤레가 놓여 있었다. 잘 닦아놓은 고무신이다. 낮은 담 모롱이를 돌아가며 하얀 연기가 솟아나는 부엌을 까치발로 기웃거렸다.

어둠보다 더 깊은 부엌풍경이 허무 속으로 푹 젖어 있었다. 무쇠솥이 걸린 아궁이 안에 장작들이 활활 타오르고 있었다. 그 불꽃 하나로 오랜 시간들이 익어가고 있었다.

아궁이 앞에 앉은 듯한 온기가 느껴질 즈음 방문이 열리고 낮은 문으로 고개 숙이고 나온 남자는 도화지 속에 회색 크레용으로 그린 듯한 얼굴이었다. 그 얼굴……. 아무런 느낌이 흐르지 않던…….

그 남자는 가끔 동네에 내려오는, 벙어리 아재라고 불리는 사람이었다. 그의 아내는 그 남자가 서른다섯이었을 때 절벽에서 뛰어내려 목숨을 끊었다고 했다. 왜 절벽에서 뛰어내렸는지는 아무도 모른다. 떠도는 소문에는 자궁암 말기에 자기 몸에 쏟아 붓는 치료비가 아까워 스스로 목숨을 끊었다고는 하지만 아무도 그 말을 증명하는 사람은 없었다. 단지 추측일 뿐이므로. 그의 남편이 벙어리였으므로.

그의 아내는 난쟁이었다고 한다.

난쟁이. 난쟁이. 난쟁이…….

부지런하기로 동네에서 그의 아내를 따를 사람이 없었다지. 집안에서 그의 아내를 볼 수 있는 시간은 달이 환히 빛나는 밤늦은 시간뿐이었다고 했다. 새벽부터 찾아다니는 일거리에 그녀는 뒤뚱거리며 잠시도 손을 놓지 않고 이마에 땀을 내리며 초봄부터 늦가을까지 움직였다고 한다. 길 건너 담배집 춘배 할머니는 내 나이 여든 살에 그 난쟁이처럼 부지런한 여자는 본 적이 없었다고 말하곤 했다.

그러고 보니 부엌문 낮은 것도 앞마당이 좁은 것도 빨랫줄이 낮은 것도 방문이 낮은 것도 그녀의 집이었기에 그랬을 것이다.

얇게 썰어 널어놓은 감이며 무말랭이. 벙어리 아재가 썰어놓은 그 서글픔을 노을이 감싸듯 집을 둘러싸고 있었다. 왠지 산 속의 낮은 집에게 미안했다. 미안하다 미안해…….

벙어리 아재는 밥상을 차려들고 부엌문을 지나 마루로 올라간다. 그 마루 천장에 매달려 있는 작은 꽃등 하나에 불 밝혀놓을 마음씨 고운 여자 한 사람 눈 내리기 전에 와주었으면……. 그러면 그의 난쟁이 아내도 아마도 고마워할 텐데…….

여름 미꾸라지, 겨울 번데기

무더위 속에 햇빛을 가릴 모자 하나를 무기로 장터로 나왔다.

하루 벌어 하루 먹고 사는 장꾼인지라 일요일을 찾아가며 쉰다 함은 그도 호사로운 짓거리라 아예 휴일은 접어두고 지낸다.

여느 때와는 달리 장거리에 자리가 많이 비어 있다. 알고 보니 오늘은 장꾼들 친목계에서 야유회를 가는 날이라 했다.

비어 있는 자리 중 몫이 좋은 자리 찾아내어 물건을 펴고 앉았는데 햇볕 쨍쨍하던 하늘이 갑자기 어두워지더니 굵은 빗줄기를 퍼부어대기 시작한다. 장터거리가 수선스러워진다.

장 보러 나온 사람들 농협 계단 위로 뛰어올라가 카드 지급기 안쪽으로 비를 피하고, 야유회도 마다하고 한 푼이라도 더 벌어보려 나온 장꾼들은 물건을 펼쳐놓은 좌판에 비닐을 씌우느라 정신없이 뛰어다닌다.

파라솔 아래서 물건이 젖지 않게 정리하던 나도 비가 얼마나 거세게 내리는지 온몸이 흠뻑 젖고 말았다. 점점 굵어지는 빗줄기를 피하느라 사람들이 모여 있는 농협 안으로 들어서서 장터거리를 바라보니 참 사는 것은 힘들다 싶었다.

그때 그 굵은 빗줄기를 맞으며 걸어오고 있는 한 여자. 비에 온몸을 흠씬 두들겨 맞고 있다고 표현하는 것이 더 옳은 말인 듯싶다.

비를 가릴 아무것도 손에 들지 않고 날씨 좋은 맑은 날 걸어가듯이 전혀 허둥대지도 않으면서 천천히 걸어가는 한 여자의 얼굴에는 이끼마냥 푸르른 멍이 매달려 있었다.

그것도 눈 주변에 아주 커다랗고 푸른 멍이 턱 아래로까지 이어진 것을 보면 누구도 그 여자에게서 쉽사리 시선을 떼지 못했으리라. 아마도 나처럼.

그 여자.

언젠가 장에서 본 그녀를 잊을 수 없는 것은 그때도 오늘처럼 눈 주위에 멍을 달고 있었기 때문이다.

기차역 주변으로 긴 장터가 이어지는 길에 눈이 간간이 내렸던 그 날. 나보다 서너 살은 더 먹어 보이는 그녀는 연탄화덕 위에 냄비를 올려놓고 번데기를 팔고 있었다. 장터에 물건을 펴던 나는 추위를 이기지 못해 그 연탄화덕으로 달려가 쪼그려 앉아 몸을 녹인 적이 있었는데 그때까지도 나는 자리를 잡지 못하고 빈자리를 찾아 떠돌아다니는 어설픈 초짜배기 장꾼이었다.

새벽부터 나온 장꾼들이 추위를 이기기 위해 여기저기 흩어져 있는 헌 종이상자와 나무토막을 주워 모아 불을 지피며 모여 앉았다. 한쪽에서는 동태국을 끓여대었는데 장터거리에 퍼지는 그 냄새가 코를 비릿하게 자극하다 이내 구수한 냄새로 변하며 뱃속을 허기지게 하고는 했다.

그런 날이면 그녀는 번데기를 올려놓은 자신의 연탄화덕을 벗어나 여럿이 둘러앉은 장꾼들 틈에서 몇 순배 돌아가는 소주잔을 차지하곤 했다. 가끔 그 쪽을 쳐다보면 그녀는 주로 남의 이야기를 듣고만 있는 편이었던 것 같았으며 그녀의 연탄화덕 앞은 한참이나 비어 있었다.

반 토막의 햇빛이 오래된 기차역 쪽으로 찾아올 때 그녀의 걸음걸이는 흔들리기 시작했다.

그녀가 입고 있는 몸빼 바지는 고무줄이 끊어졌는지 엉덩이 중간쯤 걸쳐 있었다.

그녀가 비틀거리며 간신히 제자리로 돌아가 앉는 것을 보고 다행이다 싶어 고개를 돌렸는데 잠시 후 욕설과 함께 비명소리가 들려왔다. 쳐다보니 그녀만큼이나 작은 한 사내가 그녀를 향해 발길질을 했고 그녀는 화덕 옆으로 나뒹굴어지며 몸을 둥글게 말고 있었다.

"때리지 마. 때리지 마. 아파." 그녀의 중얼거리는 듯한 되뇌임은 그 폭력이 어제 오늘의 일이 아님을, 그리하여 날카로운 긴장 대신에 길들여져 있는 아픔을 말해 주고 있었다. 저간의 사정을 짐작하는 것만으로도 정신이 핑 돌 지경이었다.

나는 벌떡 일어나 난전에 펼쳐 놓은 물건을 훌쩍 뛰어넘어 그 사태에 끼어들었다.

그리고는 그 형편없는 사내라 말하고 싶은 자에게 "아저씨. 왜 사람을 때리고 그래요?" 소리쳤다. 잠시, 그녀를 향해 휘두르던 팔을 내리고 나를 힐끔 쳐다본 남자는 대수롭지 않은 듯 돌아서 다시 발길질을 하기 시작했다.

"아저씨. 왜 그래요" 하고 다시 소리치자 내가 잡은 팔을 내치고는 그녀를 향해 다시 욕설을 퍼붓는다.

내 뒤를 따라온 곡물 장수 아주머니께서 나를 잡아당기며 "내버려 둬. 원래 그려. 신랑이라는 눔이 저려. 한두 번이 아녀. 할 만큼 하다 그만두니께 그냥 내버려 둬. 말리면 더 지랄여. 말리면 더 난리니께 우리가 그냥 구경만 하는 게 저 번데기 여자 도와주는겨." 한다.

세상에, 할 만큼 하다가, 저러다 만다구? 그럼 맞는 사람의 고통은?

구경하던 사람들 중에는 "그건 저 여자의 운명이여."라고 단정 짓듯 말하는 이까지 있었다.

사람들이 아내를 때리는 그 사내와 그렇게 맞고 사는 그녀를 싸잡아 경멸스레 쳐다보아도, 때론 동정의 눈길을 끈끈하게 퍼부어도 그녀는 자신과는 상관없는 일이라는 듯 무심하게 받아내었다. 그게 수치스럽고 부끄럽게 느껴질 정도라

면 나는 호강스런 여자라는 듯. 오로지 남편을 향해 반항하고 함께 욕도 퍼붓는 것이 고작인데 그나마 제 몸 하나 가누기도 힘들어 픽 쓰러지고 만다.

제 아내가 쓰러지고 난 다음에야 사내가 사라지자 구경하던 사람들은 "에이. 미친 놈." 소리를 쏟아놓고 돌아서기 시작했다.

다가가 "아줌마." 하고 일으키는데 그녀에게서 술 냄새가 자고 있던 슬픔처럼 깨어나기 시작했다.

"응? 누구여? 나 알어?"

"일어나세요. 여기 입술 터졌어요. 수돗가에 가서 닦으시구요." 하는데 내가 엉엉 울고 싶었다.

"응? 그려. 고마우이."

그녀가 비틀거리며 일어서는데 구경꾼들 중 한 남자가 "이 번데기 아줌마껴여? 번데기 안 팔아?" 말을 걸었다. 그녀는 정신이 번쩍 드는 듯 몸을 반듯하게 세우려 애를 쓰며 "팔어유. 팔지유. 얼마치 줄까유. 많이 줄께유." 하는데 그 남자는 조소하듯 "그래도 정신은 있나베." 하고 돌아서고 만다.

돌아서는 남자를 향해 "빌어먹을 눔." 하고 악다구니를 쓰는 작은 그녀가 사람들의 발길에 짓밟히면서도 피어나는 들풀처럼 느껴졌다.

내 자리로 돌아와 앉는데 온몸의 기운이 빠져나간다.

나도 한때는 저런 적이 있었다. 나도 저렇게 술 취한 남편에게 맞은 적이 있었는데 그때의 모멸감이라니, 그때의 절망감이라니.

번데기 냄비가 연탄화덕 위에서 보글보글 끓고 있는데 고단한 얼굴을 무릎에 묻고 잠이 들어있는 그녀.

봄을 건너오면서 가끔씩 그녀의 얼굴에 핀 파란 이끼 같은 멍을 마주치면서 가끔씩 내 아픔이 부표처럼 떠올라 분노하고는 했다.

지금 빗속을 아무런 표정도 없이 걷고 있는 그녀. 그때 그 장에서 번데기를 팔았던 여자다.

한겨울엔 번데기였지만 그녀가 봄과 여름에 팔고 있는 것은 미꾸라지다. 요즈음은 미꾸라지를 중국에서 수입해오니 물어오는 사람 모두가 다 중국산 아니냐고 한마디씩 하지만 그녀는 멍

든 눈 껌벅거리면서 "중국 거 아니란 말여유. 우리 신랑이 잡아온 거유." 하며 느릿하게 말을 하다가는 끝말엔 비장함까지 띠며 "진짜란 말여유!" 하고 소리쳤다.

정말로 그녀의 남편이 미꾸라지를 잡아오는 걸까. 나는 그 사내가 가족의 생계를 위해서 잡아온 거라고 믿고 싶었지만 그녀와 가까이 지내는 사람들은 중국산이라고 했다.

사람들은 쉽게 말했다. 저렇게 맞고 살면서도 한 푼이라도 벌려고 아둥바둥하는 것을 보면 다 운명이라고. 그녀의 등 뒤에 대고 혹은 목전에 대고 사람들이 단정 짓듯 말하면 잘 알겠다는 듯 고개를 끄덕이던 그녀가 지금 빗속을 걸어가고 있다.

술주정뱅이 남편이 발로 걷어차 깨진 함지박에서 쏟아져 나온 미꾸라지를 다시 팔기 위해 함지박을 사러 가는 그녀는 사람들이 말하는 운명에 발이 묶인 것일까.

그것은 결코 아니리라. 운명은 깨치고 나가면 그 뿐인 것. 그녀가 돌리지 못하는 발걸음엔 사내에 대해 그래도 놓지 못하는 기대와 믿음, 남들처럼 단란한 가정을 이루고 싶다는 소원, 내 자식만큼은 내가 지켜야 한다는 결연한 모성, 그리고 언젠가는 잘 살 수 있다는 희망이 걸려 있기 때문이리라.

마이콜 아저씨

다리가 긴 남자가 양은냄비 속에 풀어진 라면처럼 머리를 뽀글뽀글 볶았는데 손에는 쥐약을 들고 있다.

"쥐잡아~! 바퀴잡아~!" 하고 소리치며 시장을 도는데 기운이 하나도 없다. 그 남자 소리 한 번 크게 지르면 픽 하고 쓰러질듯 낯빛이 창백하다.

팔아야 하는 쥐약은 안 팔고 여기 기웃 저기 기웃거리다 장기판이 벌어진 복덕방 앞에서 멎는다.

키가 커서 고개를 숙이고 장기판을 바라보는데 그 모습이 멀뚱한 게 한가하다.

보고만 있으면 그만인데 거기다 훈수를 두다 기어코 욕 한마디 얻어먹는다.

"이 양반아. 가서 쥐약이나 팔어! 평생 쥐약이나 팔 주제에 어디 훈수여, 훈수는." 하고 소리 지르니 속없이 웃고 돌아서며 "쥐잡아~! 바퀴잡아~!” 한다.

훈수 받은 사람이 이긴 건지 맞은편에 앉은 영감님 화를 못 이기고 벌떡 일어나 그 남자의 등에 대고 삿대질을 하면서 “너나 잡어!” 하고 소리를 빽 지른다. 제주도를 지나 북상한 태풍 라마순이 곳곳으로 흩어지며 장거리를 휘몰아치고 있다.

그 남자 걸음걸이 휘청거리며 “아, 이 동네는 쥐도 없나. 쥐 없으면 바퀴벌레라도 있어야 할 거 아녀. 에이. 오늘 점심 또 굶게 생겼네. 쥐잡아~! 바퀴잡아~!” 하고 악을 쓴들 요즈음 쥐약이 팔릴까?

저 남자를 어디서 봤을까. 저 악의 없는 얼굴하며 싱겁기 한량없는 저 모습을……. 아, 맞다. 만화 ‘둘리’에 나오는 주인아저씨 옆집에 새로 이사와 맨날 띵까띵까 기타 치던 백수 마이콜이다. 그리 생각하고 다시 바라보니 힘없이 휘청거리는 긴 다리 하며 양은냄비 속에 풀어진 라면처럼 뽀글파마하며…….

몇 번의 바람을 사정없이 맞았나. 그나마 뾰글거리던 머리가 부풀어 올라 이스트를 넣은 빵처럼 커졌다. 장에 따라 나온 어린아이들이 엄마 손잡고 가다 그 남자 바라보느라 정신없다. 어떤 아이는 이미 지나간 길 뒤돌아 그 남자 바라보다 넘어지기도 한다.

그 남자는 자신의 머리가 그리 커졌는지에 대해서 전혀 관심 없는 듯 연신 “쥐잡아~~! 바퀴잡아~~!” 하고 소리치는데 바람에 부딪혀 머리가 점점 더 부풀어 올라 장거리에서 그 남자만큼 큰 사람은 없었다.

이제 와 생각하니 어디서건 눈에 띄던 그 남자는 작년 옥천장에서 편지봉투와 고무줄을 팔러 다니던 남자였다. 한여름에도 두터운 사파리 점퍼를 입고 큰 키에 해진 밀짚모자를 쓰고 다니던 사람……. 앙상한 손이 거죽만 남아 편지봉투를 받아들 때 마음 아파지던 그 남자.

적요로움에 마음 쓸고 가는 한낮 장터거리에서 낮은 슬픔이 가라앉으면 또 한 무더기의 슬픔을 몰고 와 풀어내는 그 기운 속에 “요즈음 고무줄이 팔려요? 다른 장사를 해요. 잘 팔리는 것으로." 하던 목소리들을 담아두었다가 또 다시 찾아낸 것이 쥐약장사인 모양이었다.

머리가 빵처럼 부풀어 오른 그 남자 곁을 지나가는 초로의 노인이 "쥐약 하나 줘 봐요." 하며 "요즈음 쥐약이 팔리나? 잘 되는 걸 해야지. 젊은 사람이." 하고 말을 붙였다. 그 남자는 "뭐를 해야 잘 될까요? 영감님." 하는데 노인은 "고무줄 장사하면 어떻겠나? 내 고무줄을 사려고 지난 장부터 다 찾아 다녀도 고무줄 장사가 없네. 고무줄 장사하면 잘 될껴." 한다.

바람을 피하느라 공중전화 박스 옆에 서 있다가 우연히 그 소리를 들었던 나는 기대와 절망이 교차하던 그 남자의 눈빛을 쳐다 보다 차마 더는 바라볼 수 없어서 내 자리로 돌아왔다.

"쥐잡아~ 바퀴잡아~"

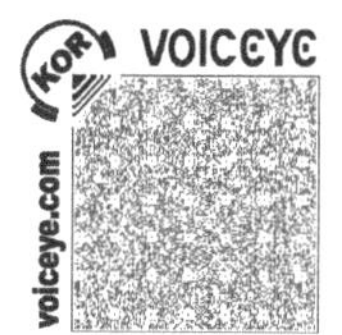

구리무는 무슨

요즈음 아기를 포대기에 업고 다니는 이십대 주부들을 보기 힘들다. 대신, 유모차에 태우거나 아니면 아기띠를 해서 앞으로 안고 다니거나 남편이 아기를 안고 다니는 풍경이 흔하다.

오후 한나절 장거리에서 양손 가득 시장 본 물건을 든 아기엄마는 아직 서른이 채 되지 않아 뵈는 얼굴이었다. 볕은 따갑고 더위에 지친 듯 아기엄마는 짐을 내려놓으며 이제 겨우 오륙 개월 되었음직한 등 뒤의 아기를 추스리며 포대기를 다시 옥죄어 묶는다. "엄마 힘들어. 제발 가만히 있어봐." 하고 나직한 목소리로 아기를 달래면서.

엄마의 목소리를 들은 아가는 등 뒤에서 손을 들어올리며 방긋 방긋 웃는다. 아기가 알아듣기라도 하는 듯 한참 말을 건네는 젊은 엄마와 엄마의 목소리를 몸으로 받아들이며 함박 웃는 아가를 바라보는 그 순간의 느낌은 참 평화로웠다.

시장에서 만나게 되는 가장 아름다운 풍경은

뭐니 뭐니 해도 사람과 사람 사이에 오가는 정이 만들어내는 풍경이다.

이른 아침 부지런한 할아버지들은 할머니들의 부탁을 받고 장을 보러 오시곤 한다. 오늘 아침에도 할아버지 한 분이 오셔서 "우리 할망구가 구루무 좀 사다달라고 하는데 어떤 거 발러야 여뻐지는겨?" 하셨다. "할아버지 자상하시네요. 할머니 화장품도 사다드리고." 하니 "관절이 꺾여서 할망구가 꼼짝도 못혀. 내가 밥도 하고 빨래도 하고 다 해주는걸. 그래도 고와지고 싶은지 바르고 싶은게벼. 이거 바르면 여뻐지는가?" 하시는 얼굴에 희색이 돈다.

"네. 고와지세요. 그것 갖다 드리세요."

"그려 그려. 내 이게 제일 좋고 비싼 거라고 할테니께 알아서 좋은 거 주었겠지? 늙은이라고 속여먹고 그런 거 없것제? 그리고 젊고 건강할 때 몸조심혀. 몸이 재산이라니께. 알았제? 끼니는 꼭꼭 챙겨먹고. 알았제?"

마음이 좋은 할아버지, 딸을 보시는 듯 걱정이 크다.

가을걷이가 한참인지라 젊은 사람들 모습은 보이지 않고 오늘은 유난히 할머니, 할아버지들이 장보러 많이 나오셨다. 굽 높은 구두 신은 사람은 없고 하얀 고무신, 운동화 신은 사람들로 북적거리는 장터. 그중에서도 서로의 손을 꼭 잡고 챙겨주면서 걸어가는 할아버지와 할머니를 보노라면 평생을 같이한 반려에 대한 믿음이 산처럼 크다는 것이 전해져 와 마음이 뭉클해지는 감동을 받고는 한다.

한동안 비어 있던 내 좌판 앞에 허리 굽은 할머니가 할아버지의 손에 이끌려 선다. 할머니는 그냥 가자고 할아버지 손을 잡아끈다.

"아녀. 내가 하나 사줄껴. 당신 이거 사고 싶어 했잖여." 하시는 할아버지께 할머니는 "아이쿠. 아녀유. 돈두 없구먼유. 다 늙은 사람이 구루무는 무슨 구루무. 내 괜히 해본 소리였구먼유. 이 나이 되도록 안 발라도 잘 살고 있는걸유." 대답하시고는 내 옆 생선 파는 아저씨한테 다가선다.

"이 고등어는 얼마유? 짭짤한 거로 한 손만 주세유."

하지만 할머니는 속주머니에 넣어둔 돈을 꺼

내다 말고 “아이고. 아이들이 주고 간 천금 같은 오만 원이 이젠 이만 원밖에 안 남았네. 추석 때 주고 간 돈인데, 객지 나가 몸 상하며 벌어다 준 돈인데. 이렇게 쓰면 안 되는데.” 하시며 벌써 토막 내어 담아놓은 고등어를 도로 내려놓고 일어선다.

생선장사 얼굴색이 확 변하더니 “추석 지난 지가 벌써 두 달이 넘어가는데 돈 오만 원 주고 간 것을 여지껏 들고 있어요? 참 어지간한 노인네네. 그럼 돈 삼만 원으로 두 달을 지냈다는 거여? 그 자식도 누군지 대단하네. 요새 오만 원이 돈여? 이 토막난 고등어는 누구한테 팔라고. 빨리 돈 내놔요 사천 원!” 하고 목청을 높인다. 할머니는 “미안해유. 다음에 살게유.” 하며 할아버지 손을 잡아끌지만 할아버지는 주춤거린다.

생선장사 아저씨는 “영감님. 이거 가지고 가슈. 이 토막쳐 놓은 것을 누구한테 팔란 말이요.” 하고 소리치고 할머니는 머뭇거리는 할아버지 손을 놓고 굽은 허리로 혼자 앞서 간다.

“나한테는 돈이 없어서. 미안하우. 미안하우.”

죄지은 듯 더듬거리며 발길을 돌리는 할아버

지 등 뒤로 생선장사 아저씨는 "에이. 재수없어." 투덜대며 소금을 뿌리더니만 그래도 화가 안 풀리는지 봉지에 담은 고등어를 들고 쫓아가며 "영감님." 하고 소리친다. 앞서 가던 할머니는 할아버지를 향해 거기 서 있지 말고 빨리 오라고 손짓하는 게 급하다.

덩달아 마음이 급해진 나는 "아저씨. 제가 가지고 갈게요. 장사 끝나고 사갈려고 했는데 저 주세요. 할머니가 돈이 없으신 모양이네요. 그럴 수도 있잖아요." 하고 생선장사 아저씨를 달랬다.

할아버지는 못내 마음에 걸리는 듯 뒤를 돌아보시다가 나하고 눈이 마주쳤다. 난 가볍게 고개를 숙여 '걱정하지 마세요.' 하는 마음인사를 전했다. 오만 원을 갖고 두 달을 주무르고도 고등어 한 손 사기가 그토록 어려워 봉변을 당한 할머니의 마음을 되짚어보니 가슴이 아려왔다.

해가 넘어가고 장사 접을 준비를 하는데 오전에 할머니 손에 이끌려 갔던 그 할아버지가 내 앞에 서서 머뭇거리신다.

"어, 할아버지 다시 오셨네요. 무슨 일이세요?"

여쭈니 "애기 엄마. 집이 어디인가? 도회지 사시는가?" 하신다.

"네. 왜 그러시는데요?"

"아까 그 고등어 애기엄마가 샀지요?"

"네. 제가 필요해서 산 거예요."

"이거 내가 농사지은 참깬데 참깨 사다 먹으면 이 참깨하고 고등어하고 바꾸면 어떨까. 염치없지만."

손에 들고 온 비닐봉투를 펼쳐보이시며 머뭇머뭇 말을 꺼내는 그 표정에서 얼마나 많이 망설이며 한 걸음인지 그 마음을 읽을 수 있었다.

"그러세요. 그렇게 하세요. 그렇잖아도 깨 사야 했었는데. 잘 되었네요." 하자 할아버지 얼굴에서 민망함과 곤혹감이 사라지고 금세 환해진다.

"그런데 이 참깨 다 가져요?"

"그려. 그거 다." 하시고는 할아버지 눈길이 화장품에 가서 머문다.

"이거 할머니 갖다 드리세요. 세수하고 바르시면 돼요. 그리고 이건 할아버지 바르시구요." 하고 화장품 두 개를 건네니 "아이고. 내건 관두고

우리 할망구 거나 주면 돼요. 그런데 그래도 되나? 내가 너무 염치없구먼." 하신다.

"아니예요. 이 정도면 참깨 만 원어치도 넘어 보이는걸요. 할아버지도 가지고 가세요. 그래야 계산이 맞아요. 괜찮아요."

"정 그러면 염치없지만 내 것도 우리 할망구 거로 바꿔주면 안 될까." 하며 웃으시는 모습이 눈물나도록 정이 넘친다.

할아버지 말씀대로 할머니 것으로 두 개 챙겨드리고 고등어도 넘겨드렸다. "조심해서 가세요. 할아버지." 하니 아까처럼 자꾸 뒤를 돌아보시며 "그려. 그려유. 복 받을껴. 복 받을껴. 내 잘 쓸게요. 우리 할망구가 좋아하겠는걸." 하신다.

별반 팔지는 못했지만 오늘 만큼은 착한일 했다 싶어 스스로에게 동그라미 백점을 주고 나니 집으로 향하는 발걸음이 가벼웠다.

비의 랩소디

햇볕 쨍쨍 내려쬐던 며칠 전부터 집 밖으로 한 발자국도 나가지 않았다. 아이들 등교길에 따라 나서 신문을 방안으로 들여왔고 건조대에 빨래를 널 때 하늘을 올려다본 것 외엔 나흘 동안 방 안에 틀어박혀 유리창을 통해 거리를 바라보며 어두운 밤을 몇 번 보냈다. 두 아이가 야영장으로 떠나고 나서야 아이들 도시락을 싸고 남은 샌드위치 두 조각으로 식사를 마치고 밖으로 나왔는데 비가 내리기 시작했다. 다시 집으로 들어갈까 하다가 차에 올라 빗길을 달려 시장으로 들어왔다.

“아이고. 날 좋을 땐 보기 힘들더니 날 궂으니까 얼굴 보네.”

안면 있는 몇몇 장사꾼들이 반긴다.

“오늘 같은 날 뭐 하러 나왔어요? 따뜻한 아랫목에 등 지지기 좋은 날인걸. 날 좋을 때는 어디 갔다 왔능교.”

"날궂이 하려고 나왔어요. 오늘처럼 장사꾼이 없는 날 오가는 사람 붙잡아 내 물건 다 팔려구요. 제가 이리 머리가 좋아요. 머리 좋으니께 장사하지, 머리 나쁜 사람은 백날 천날 가도 장사 못합니다. 히힛. 모자라니까 오늘 같은 날 골라 나오지."

싱거운 소리로 말을 받았다.

장거리가 텅 비었다. 황금요새라 불리는 약국을 낀 사거리 난전은 장이 설 때마다 서로들 비집고 들어앉느라 싸움이 그칠 때가 없던 자리인데 오늘은 널찍하니 좋다.

먼발치에서 바라보기만 했던 그 자리에 의기양양하게 들어가 자리를 폈다. 오늘은 내가 주인인기라.

물건을 펴고 파라솔을 치고 비 오는 거리에 앉아 있으니 오래 묵은 책냄새 나는 다락방에 엎드려 손때 묻은 물건들 찾아내고 정지된 시간 속으로 들어앉은 듯 생각이 많아진다. 언제부터 비오는 날을 좋아했을까. 처음부터 좋아했던 것은 아닌 것 같다. 결혼하고 얼마 후 여름날 베란다에서 있는데 하늘이 갑자기 어두워지며 비가 퍼붓기 시작했는데 그때 갑자기 비가 내 마음과 똑같다 싶었다. 아니 어쩌면 나보다 더 나 같다 싶은 게 비였다. 내가 하고 싶은 말이 뚝뚝 떨어지는 게 그게 비였다. 나는 오랫동안 우울에 빠져 있다가도 장마가 지면 오히려 바닥 넓은 안정감을 느끼게 된다.

옆자리에 처음 보는 젊은 여자가 있다. 속옷 약간, 은공예품 약간. 물건 받침대도 가볍다. 파라솔도 무채색이라 노천카페에나 어울림직한 세련된 모양이다.

서른이 채 안 되어 보이는 가냘픈 체구에 하얀 얼굴빛이 장거리의 꽃잎처럼 하늘거리며 자꾸 시선이 따라 붙는다. 오늘 같은 날 달구지 커피 아줌마는 왜 안 오는겨. 자판기 커피 두 잔을 빼어들고 그녀에게 한 잔을 건네고 마시는데 내 물건 앞에 쪼그리고 앉아 "비 와도 장사 돼요. 언니?" 하고 사근사근 붙여오는 말소리가 손잡아 다독거려주고 싶을 만큼 예쁘다.

"글쎄요. 장사 처음 해요?"

"네, 석 달 정도 되었는데 언니는요? 언니 금산

장에도 오시지요?”

“금산장요? 아아. 거기 갈 때 있어요. 거기도 가요?”

“네. 거기서 언니를 본 적이 있어요. 요즈음엔 안 오셨지요?”

“네. 거긴 이상하게 가고 싶지가 않아요. 장사는 잘 되는데 자리 잡는 게 영 힘들어서.”

그런 이야기가 오가면서 시간 반이 넘었는데 빗줄기는 점점 거세지고 장보러 나오는 사람은 없고 간혹 지나가는 사람은 우산 속에 얼굴을 가리고 제 갈 길로 급히 가고 있다. 그녀나 나나 한 개도 못 팔고 앉아 있었다.

“점심 식사 하러 가요.” 하고 물건을 덮어놓고 식당으로 갔다. 두부김치찌개를 먹는데 술 한 잔이 떠올랐다. 술잔을 앞에 놓고 보니 그녀의 눈동자가 머루알처럼 투명한데 수심이 가득하다. “팔려고 가지고 다니는 은제품들 직접 만들었지요?” 하고 묻는데 “네…….” 하는 그녀의 눈가에서 눈물이 뚝 떨어진다.

“사는 게 힘들지요?” (그녀에게 묻는 소리인지 내가 내게 묻는 소리인지…….)

"아이가 없으면 차라리 죽어버렸으면 좋겠어요." 하는데 난 빈 대답만 들고 있었다.

미술학원 강사로 얻는 수입이 구십만 원. 그것으로 마약중독인 남편의 치료비 대고 방 월세 내고 나면 아이 우유 값도 안 된단다. 궁여지책으로 찾아낸 부업거리가 지금 하고 있는 난전장사란다. 그녀가 부딪쳐 일어서기엔 쓸쓸한 거리다.

아직도 빈 대답만 들고 있는 나……. 비는 세차게 내리고 있었다. 몇 안 되는 장사꾼들이 이미 천막을 걷어 자리를 비우고 도랑처럼 흘러내리는 물꼬만이 살아 숨쉬는 장거리를 떠나오면서 그녀는 깊은 한숨을 내쉬었다. 손가락이 유난히 가늘어 그 무거운 짐을 어찌 들고 다닐까 걱정되는 창백하고 가냘픈 그녀가 내놓는 한숨소리가 어찌나 깊던지 두 사람인 듯싶게 모습이 달랐다.

점점 거세지는 빗길 사이로 이어지는 소리 "차라리 죽어버렸으면 좋겠어요." 하는 그 소리는 차창을 두들기며 "그래도 살아야겠어요." 하고 흘러내렸다.

메밀묵

자주 오가던 길도 매번 몇 번씩 헤매이다 제 길로 찾아들곤 한다. 멍청하다 멍청하다 너 같은 멍청이는 없을 거라고 놀림받기 일쑤였다.

오늘도 시골길을 달리다 차창 밖으로 나비가 날아가 "어, 나비네……. 저기 조팝나무좀 봐. 가지에 핀 꽃이 하얀 쌀튀밥과자 뭉쳐놓은 것 같애. 저 꽃 먹고 싶다." 하고 눈과 마음을 빼앗겨 버리다가 또 이정표를 놓치고 말아 거의 한 시간이나 늦게 상주장에 도착했다. 부지런한 장사꾼들은 이미 물건을 다 펼쳐놓고 흥정에 바빴고, 휴우……. 또 어디다가 자리를 잡아야 하나……. 긴 장거리를 두세 번 오가며 조그만 틈새 하나 찾아보려 했지만 똘똘 뭉친 장사꾼들은 억센 말투로 안 된다 하며 손을 내저었다.

장터 끝머리에 맥없이 서 있는 내게 공중전화박스 옆에서 메밀묵을 팔고 있던 아주머니는 "거기 앞에다 놓고 해요. 몇 년을 하는 사람도 자리

잡기 힘든데 첨 오는 사람이 자리 잡는다는 것은 어림 반 푼어치도 없는 짓이지. 그냥 거기에다 놓고 해요. 그런데 뭘 파나? 묵은 안 팔것제. 묵 팔면 안 되는디. 어여, 내 말 듣고 그 앞에서 해요. 이왕 왔으니께 팔고 가야제." 하는 아주머니의 말에 그도 반가워 "그러지요." 하면서 물건을 펴고 장사를 시작했다.

오르막이 없는 평평한 분지로 된 작은 도시 상주엔 곳곳에 자전거를 세워 놓을 수 있는 보관소가 많았다. 장거리를 찾아드는 여자들은 거의가 다 자전거 페달을 밟고 있었다.

옆자리 과일 파는 아저씨 앞에 자전거를 세운 삼십대 중반의 주부가 물오른 빨간 딸기 한 바구니 들어올리면서 콧소리 섞인 목소리에 환한 웃음까지 더해 "아저씨. 거기 뒤에 빼놓은 덜 싱싱한 것 이 위에 덤 좀 듬뿍 올려주세요. 우리 어머니 갈아서 쥬스 해 드리게요. 아저씨 좋은 물건 파는 것 다 알아요. 제가 다음 장에 또 와서 많이 사갈게요오. 덤 좀 올려주세요오." 하니 그 아저씨, 뭔 말인가 듣고 있다가 여우한테 홀린 듯 허허 웃으면서 싸게 팔려 빼놓은 딸기 올려주며

"아줌마같이 그리 말하면 내 덤으로 안 줄 수 없지." 인심을 쓴다. "잘 먹을게요. 많이 팔고 가세요." 하며 인사를 하고 가는 여자의 말하는 품새가 곱다.

메밀묵 좌판에 사람들이 모여든다. 벌써 점심 때다. 소주가 한 컵에 천 원이라 한다.

저 메밀묵 한 접시에 소주 한잔 하면 딱 좋겠는데……. 그럼 서 있기가 좀 낫지 않을까 싶은데…….

가만히 보니 공중전화 박스를 마주 보면서 전신주 사이로 끼어 들어가 건물의 벽을 쳐다보고 먹으면 뒷모습만 보이겠다 싶어 아주머니에게 메밀묵 한 접시와 소주 한 컵을 받아들고 쪼그리고 앉아 먹고 있는데 좌판에 둘러앉아 메밀묵을 먹고 있던 아저씨와 아주머니께서 "누가 빼앗아 먹을까 봐 그렇게 등 돌리고 앉아 먹어요? 불편하게. 이리 와서 편하게 먹지. 이리와 같이 먹어요. 아무도 안 빼앗아 먹어." 하고 자꾸만 자꾸만 걱정을 주시지만, "이게 편해요. 괜찮아요." 말랑말랑하고 매끄러운 묵의 감촉과 메밀의 알싸하면서도 텁텁한 맛이 씹을 새도 없이 보드랍게 목

구멍을 넘어간다.

묵 좌판에 자리 잡으면서부터 이미 술이 얼큰하게 취해 있던 두 명의 아저씨. 언성이 높아진다. 등을 지고 있으니 무슨 손짓이 오가는지야 모르지만 시비가 붙어 시끄러워지고 있다.

조금만 더 먹고 일어나야지. 그래도 반 그릇은 비워야지. 두 수저만 더 먹고…. 아까우니까……. 정신없는 북새통에 그래도 먹고 앉아 있는 나. 한 모금 남은 소주 털어넣고 묵 한 수저 떠서 입에 넣는데 내 등 뒤로 한 아저씨의 몸이 왈칵 쓰러져왔다.

먹고 있던 나는 묵그릇을 놓치고 전신주에 이마를 부딪치며 그냥 묵사발이 되었다. 옷으로 얼굴로 국물이 튀었는데 그 아저씨들은 치고받고 업어치고 메치고……. 싸움이 크게 벌어져 주변은 순간에 아수라장이 되고 사람들이 모여들었다. 내가 그 사이에 놓여 있었다는 사실에는 누구도 눈을 주지 않는 듯했다. 가까운 은행으로 들어가 얼굴에 묻은 간장물을 닦아내고 거울을 보았다. 전신주에 부딪힌 이마가 툭 불어나 있었다. 그러고 보니 물건이 걱정되었다. 그 싸움판

에 내 물건은 어찌 되었나 하고 급하게 뛰어나가 보니 내 물건들이 펴놓은 자리째로 옆으로 옮겨지고 있었다. 자전거 탄 여자들과 과일 파는 아저씨가 힘을 합쳤던 모양이다. “고마워요.” 인사를 하자 물건을 옮겨준 여자들은 “아줌마. 어디 안 다쳤어요?” 걱정을 해 준다.

몇 개의 커다란 바퀴가 줄을 맞춰 앞으로 달려가고 있었다. 잠시 장사를 접고 나도 자전거를 타고 달리고 싶었다. 술 취한 아저씨들의 싸움은 끝나지 않았고 장사를 하지 못하게 된 메밀묵 아주머니는 몸이 달아 동동거리며 싸우는 남자들을 쫓아내느라 연탄집게를 휘두르며 악다구니를 썼다. “오늘 장사 다 망쳤네. 돈 들어갈 게 얼마나 많은데 이 빌어 처먹을 인간들 때문에 장사 다 망쳤네. 아이고 내 팔자야. 저늠의 드러운 인간들 때문에 장사도 제대로 못혀.”

나는 시선을 먼 데 두고, 그도 저도 아니고 딱 한 시간만 자전거를 타고 왔으면 하는 철없는 생각을 버리지 못한 채 장거리에 찾아드는 여자들을 바라보고 있었다.

황금장 여관

날씨가 많이 추워져 점퍼를 입고 나섰다.

통영고속도로를 타고 금산을 가면 20분밖에 안 걸린다. 얼마 전까지만 해도 거의 한 시간 정도 걸리는 거리였다. 무주와 금산 가는 이정표를 보고 고속도로를 올라서 신나게 달리는데 어라라! 한참을 가다보니 경부고속도로를 달리고 있었다. 판암 톨게이트가 나오고 옥천이 나오고 반대편으로는 대전하고 서울 가는 표지판이 보였다.

이게 대체 워찌된 일이래. 분명 통영고속도로로 올라왔는데 왜 경부고속도로를 타고 있지? 이게 뭔 일이래. 하긴 길눈이 어두운 내가 종종 겪는 일이다.

다시 거꾸로 올라가 사람이 별반 없는 국도를 타고 금산을 향해 달린다.

빈 들녘에 갈대가 부드럽게 춤을 추고, 아직도 혼자 들녘을 지키고 있는 허수아비. 내려가 모자

푹 눌러 씌워주고 싶다. 너무 외로워 보여서.

그렇게 금산에 다 갔는가 싶었는데 앞에 또다시 대전 가는 통영고속도로 이정표가 보인다. 이게 뭐여? 대체. 나 시방 귀신에 홀린겨? 또다시 대전여?

지나가는 사람에게 물어보니 저쪽 샛길로 돌아서 삼십분만 더 가면 금산이고 통영고속도로 타면 십분 더 가서 금산이란다. 죽어도 샛길로 갔다. 또다시 대전 나올까 봐. 이 쑥맥 하는 짓이 늘 그렇다.

아무튼 가다보니 금산은 나왔다. 이제 자리 잡을 일이 문제다. 인삼시장을 지나 시내를 두어 바퀴 뱅뱅 도는데 도대체 어디에 자리를 펴야 할지 막막하기만 하다.

차를 세워놓고 우체국으로 들어갔다. 난 우체국이 참 좋다. 우체국 창가에 앉으면 마음이 편해온다. 어젯밤에 써놓은 편지를 꺼내 일부러 창구에서 편지봉투를 샀다. 시장에서 사면 한 장에 십 원인데 우체국에서 사면 한 장에 오십 원이다. 이렇게 작은 돈으로 여유 부리고 싶다. 괜히 급한 척하고 편지도 빠른 등기로 붙인다.

이제야 조금 안정이 된다.

밖으로 나가 시장길을 다니는데 영동장에서 장사하는 아저씨들이 모여 있다. 그중 한 아저씨가 나를 보고 손을 흔든다. 눈물나게 반갑다.

하루종일 서 있어야 물어오는 말에 답이나 할 뿐 말 한 마디 없고 살랑거리는 맛이라곤 눈꼽만치도 없는 나를 아는 척해 주는 게 눈물나게 반갑단 말이다. 내 자리 못 잡았다는 말 꺼내기도 전에 아저씨들은 그 복잡한 장터 속으로 차 끌어다 세워주고 물건 내려주고 자리 마련해 준다.

장터 속에 섞여 있는 황금장 여관 앞. 대낮인데도 여관 마당엔 승용차가 꽉 차 있다. 수시로 다방아가씨가 들락거린다.

옷장사 아저씨. "에이. 장사할 맛 안 나네. 저 눔들 팔자는 뭐고 또 내 팔자는 뭐여?" 그리고는 그 말끝에 겸연쩍어 내 눈치를 슬쩍 본다.

내 그게 무슨 소리인지 다 안다. 남편이 맨날 그런 소리 잘하니까. "저렇게 대낮에 여관 들어가 있는 넘들. 내 세상에서 저런 놈이 젤 부럽

다.” 하는 소리 귀에 딱정이 앉도록 들었다. 남편한테.

괜히 서글퍼져 손수레 끄는 커피 아주머니 불러 세워 커피를 돌렸다. 그때 다방아가씨 또 살랑살랑 하고 커피잔 들고 여관 안으로 들어간다.

옷장사 아저씨. “이 추운 데서 마시는 커피맛에 비하것냐……. 어차피 드러운 팔자인 것을. 에라이. 장사나 열심히 하자.” 맞다. 그게 정답이다.

저녁해가 일찍 떨어진다. 오늘 금산장은 황금장 여관 앞이라는 것만 빼면 장사가 잘 된 유쾌한 시간이었다. 저녁 먹고 온다면서 식당으로 아저씨들이 떠나고 나도 집에 갈 준비를 했다. 한 남자가 승용차 안에서 계속 이곳을 바라본다. 시선이 불편하여 뒤돌아서 있었다. 그 남자는 언제 옆에 왔는지 자판기 커피를 건넨다. 좀 받기가 그랬다.

“추운데 이거 드세요. 많이 파셨어요?”

“네에. 잘 마실 게요.” 하고 받아 의자 위에 올려놓았다.

"추운데 드세요. 이 물건 다 사면 어느 정도 돼요?"

"왜. 다 사실 거예요?"

"아니 살 수도 있지요, 뭐."

대답을 안 하고 짐을 정리했다. 남자가 쭈뼛쭈뼛하더니 "저어…… 아주머니. 제가 이 물건 다 팔아드릴게요. 추운데 저 방에 들어가 몸 녹이고 가세요." 한다. 저게 무슨 소리래…….

난 화가 나면 흥분을 해야 하는데 착 가라앉는다. 온몸의 피가 아래로 내려가나 보다. 그리고 느린 말이 한없이 더 느려진다. 감당 못할 만큼. 말 배우는 어린아이처럼.

"그…게…무…슨…소…리…래…요?"

"제가 물건은 다 팔아드릴게요. 추운데 방에서 쉬었다 가라구요."

화를 내야 하는데, 소리를 높여 저 사람을 혼내야 하는데, 아무 생각도 없이 화만 정신없이 난다. 저 사람한테 소리를 막 질러 혼내줘야 하는데……. 어찌해야 하나…….

"다…시…말…해…보…세…요…"

그러니 나를 가만히 쳐다보다 차로 들어가 휭

하고 사라진다. 두 다리가 후들거리고 기운이 죄다 빠진다. 짐을 싸는데 물건을 자꾸만 놓친다. 발을 딛고 있는 땅도 흔들거린다.

시장아저씨들이 돌아오고 좌판을 접어 집으로 돌아오는 길. 시장을 벗어나 문 닫힌 우체국이 보이는 거리에 멈추어서 한참을 있는데 눈물이 주르르 흘러내린다.

엎드려 있었더니 어깨가 들먹거린다. 어두워지기 시작한다. 고속도로를 잘 타야 집엘 바로 가는데……. 더 어두워지기 전에 집에 가야 하는데…….

더듬더듬 찾아간 길. 고속도로를 타고 나니 비로소 안심이 되었다. 그런데 갑자기 소리가 지르고 싶어 "아악!" 하고 소리를 질렀는데, 그런데 눈물이 나오는 거다.

울면서 달렸다. 엉엉엉…… 하고. 그렇게 울면서 이십분을 달리니 속이 후련해졌다.

들깨보다 더 고소한

이왕이면 장사꾼들의 발길이 잘 닿지 않는 작은 면단위 외진 장을 찾아다니기로 하고 오늘 부지런히 서둘러 국도를 탔다.

오늘은 옥천읍 청산면의 청산장. 떠나면서 카메라를 챙겼다. 일이 끝난 저녁시간에 사진공부를 하면서 시골장 풍경을 담아볼까 하여 며칠 전 무리해서 렌즈를 바꾼 카메라다.

달리는 차안으로 고소한 내음이 들어오기 시작했다. 아……. 밭둑에서 깨 타작을 하고 있었다. 좀처럼 떠나지 않는 들깨 내음 속에 잘 익은 감이 가지가 휘어지도록 매달린 담장 위로 깨끗하게 빨아 널은 하얀 운동화가 얌전하게 올려져 있는 풍경이 들어왔다. 오래된 교회가 녹슨 종탑을 달고 단편소설처럼 놓여진 작은 동네를 지나 청산면 장거리로 들어갔다. 한 눈에 모두 들어오는 좁은 장안. 고추장사와 마늘장사 옆을 지나

만두와 찐빵을 만들어 파는 젊은 부부의 천막 옆 끝으로 좌판을 펴고 앉았다.

"저어, 찐빵 천 원어치만 주세요."

모락모락 김이 올라오는 찐빵을 먹으면서 맞은편 정미소의 시끄러운 기계음에 정신을 놓고 있는데 트랙터 타고 지나가던 아저씨가 가던 길을 되돌아와서는 "여기 구석에서 뭐가 팔리겠습니까?" 하고 걱정을 해주신다. "네. 괜찮아요" 하고 먹던 찐빵을 씹지도 못하고 꿀꺽 삼키는데 "내 자리 하나 잡아드려요?" 한다. "여기가 좋아요. 사람도 별반 없고……." 하는 내 말에 "장사하러 온 사람이 사람이 없다고 좋아하면 무슨 장사를 합니까?" 사뭇 나무라기까지 한다.

그렇게 지나가는 몇몇 사람들에게서 같은 걱정을 듣자 옆에 있던 부부가 "아무래도 저 시장 안으로 들어가야겠네요. 오늘은 안 나온 사람이 많아서 빈자리가 있을 거예요." 입을 뗀다. "여기 있다고 사러 올 사람이 안 오겠어요? 어디 가든 다 똑같을 텐데." 대꾸하니 "그러게 말입니다. 그런데 보는 사람은 안 그런가 봅니다." 하며 웃는다. 아무래도 옮겨야 하려나 보다. 아까 그

친절한 아저씨. 가신 줄 알았더니 다시 와서는 오늘 안 나온 생선장사 아저씨 자리 알려준다. 사거리 노른자라 했다 그 자리가.

그렇게 자리 잡은 청산장. 참 인심 좋은 동네다.

'대우전자'라는 낡은 간판이 달린 전파사 앞. 맘씨 좋은 아저씨들 덕택에 좋은 자리 잡고 왔다 갔다 한 탓인가, 금방 먹은 찐빵이 어디로 갔는지 배가 슬슬 고파진다.

청산면의 먹거리는 막 잡아낸 빙어에 찹쌀가루 묻혀 튀겨낸 도리뱅뱅과 생선국수. 여기저기 나붙은 간판만 바라봐도 구미가 당겨 소주 두어 잔에 생선국수 한 그릇 먹고 나면 장사하기 수월할 것 같아 식당 가서 주문해 놓고 오니 전파사 주인 아주머니께서 내 물건 쓰윽 훑어보시고 "어디서 왔어요? 새댁." 말을 붙이신다. "대전요. 오늘 하루 이 앞에서 장사 좀 하고 갈게요."

"그래요. 그래. 이왕 온 김에 많이나 팔고 가요."

하시며 쉽게 물건을 팔아 주셨다.

"일부러 팔아 주시는 거지요? 이렇게 자리까

지 얻어 장사를 하는데 고맙습니다."

"그려요. 내 일부러 팔아 주는 거요. 시집간 우리 막내딸 같아서. 우리 딸하고 똑같이 생겼네." 하시며 내 손을 잡는다.

맞은편 식당에선 아줌마가 콸콸 시원하게 쏟아지는 지하수 함지박에서 메기 한 마리를 잡아올리고 있다. 벌써 입안에서 침이 돈다. 볕도 좋은데 생선국수에 소주 한잔 마시고 나면 기분이 좀 좋을까. 벼 베기에 바쁜지 별반 장보러 오는 사람들도 없다.

그때 전파사 문을 열고 나온 주인아주머니, 내 손을 잡더니 "이리 들어와 밥 먹고 해요. 반찬은 없지만 내 방금 텃밭에서 뜯어온 배추로 겉절이를 무쳤는데 맛나네. 일은 뱃심으로 하는겨. 배가 든든해야 혀." 하시며 맞은편 양말장사 아줌마께 "여기 새댁 물건 좀 봐줘요." 하고 소리 높이시고는 내 손을 잡아끈다.

"아, 아니예요. 전 아직 배도 안 고프고. 밥도 싸오고……." (거절하기 민망하여 싸왔다고 했다)

그러자 아주머니께서는 "뜨신 밥을 먹고 해야 기운이 나지. 내 젊었을 때 고생을 많이 해봐서 알지." 하신다. (이게 아닌데……. 에구, 나 생선 국수에 소주 한잔 해야 허는디. 어쩌면 좋아.)

아주머니께서는 "괜찮어. 어여 와. 된장 다 식네. 나 아무헌테나 이러는 거 아녀. 새댁 첨 볼 때 우리 순하디순한 막내딸 보는 것 같아서 내 맘이 맘이 아니였다니께." 하며 사양할 틈을 주지 않는다.

"그럼 잠깐만요. 차에 뭐 놓고 왔거든요." 하니 그제서야 손을 놓아주며 "그려. 얼렁 와요. 된장 다 식으니께." 하신다. 막 뛰어가 식당으로 가니까 아주머니께서 "마침 잘 왔네. 지금 국수 푸는 겨. 거 앉아유. 아주 알맞게 퍼졌네." 하며 반긴다.

"저……. 아주머니 그게 아니구요. 그거 이따 저녁으로 먹으면 안 될까요. 사정이 생겨서요." 하니 아주머니는 이 여자가 지금 뭔 소리를 하나 하는 표정으로 나를 뜨악하게 바라보더니 "안 되유. 이따가는 무슨 이따가. 지금 여기 뜨고 있는 거 안 보여유?" 하고 퉁을 준다. "그건 보이는데……. 제가 돈은 지금 드리고 갈게요. 그럼 그 국수 여기 장사하시는 아주머니 중 식사 안 하신

아주머니 드리세요." 하면서 사정이야기를 했더니 그러라고 한다.

다시 막 뛰어서 전파사로 들어갔더니 이것저것 조물조물 무쳐놓은 엄마표 나물반찬 한상을 차려놓고 커다란 빈 대접 하나 놓고 비벼먹으라고 하신다.

감사한 마음으로 먹는데 아주머니께서는 식사도 안 하시고 자꾸만 내 수저 위로 묵나물도 올려놓으시고 두부도 올려놔 주시고 청태무침도 올려주시면서 "어여 먹어요. 많이 먹어. 난전장사는 뱃심으로 하는겨." 하시는데 그 뜨겁고 이상한 기운이 자꾸 자꾸 목을 타 넘어 눈시울이 젖어들고 목이 멘다. 맛나다가도 또 맛을 모를 정도로 생각에 잠기다가 그렇게 한 그릇을 뚝딱 비우고 나니 아주머니는 "더 먹을텨요? 밥 많이 있는데. 밥도 맛나게 먹네. 한 주걱만 더 풀까?" 하신다.

"아이고, 아닙니다. 오늘처럼 많이 먹은 적 처음이예요." 사양하니 아주머니는 구수한 숭늉을 한 대접 내 오고 그것까지 다 마신 내가 "잘 먹었어요. 잊지 않을게요." 하니 "뭔소리 하는겨, 시방? 내 먹는데 수저하나 더 놓은 걸 가지고

…….” 하며 내 손을 꼬옥 잡는데 지난 봄 돌아가신 친정엄마 생각에 목덜미가 자꾸만 자꾸만 뜨거워지는 게 참을 수가 없었다.

커피까지 대접받고 나와 장사를 하는데 아주머니께서 동네 친구분들 다 불러 모아 물건까지 팔아 주신다. 분명 바람은 쌀쌀했는데 왜 이리도 온몸이 따뜻한지…….

“저 사진 좀 찍어갈게요.”

“뭔 사진을?”

“그냥 아주머니 모습 담고 싶어서요. 잊지 않으려구요.”

“그려. 그려요. 예쁘게만 찍어가요.”

페인트칠이 벗겨진 ‘대우전자’ 간판 아래 곱게 나이를 드신 전파사 아주머니의 모습을 첫 작품으로 담고 노을이 붉게 넘어가는 허름한 선술집도 담으면서 그날 장을 접고 차에 올라 시동을 켜는데 식당아줌마가 급히 뛰어온다.

“빨리 내려요. 저 국수 다 불게 생겼네. 내 새댁 파장시간에 맞추어서 국수 맛나게 끓여놨으니께 빨리 와 저거 먹고 가요. 일 분만 늦게 나왔어도 큰일 날 뻔했네.”

“아니예요. 아줌마. 됐어요. 저 가야 해요.” 하니 “되긴 뭐가 돼? 빨리 내려요.” 하며 손을 잡아끈다.

들어가 보니 커다란 양은 대접에 가득 채운 생선국수가 기다리고 있었다. “많이 먹어. 장사는 뱃심으로 하는겨. 하루 종일 서 있었으니 얼마나 힘들겄어. 많이 먹고 집에 가요. 천천히 다 먹고.”

(아! 청산면 인심이 사람 죽이는군요. 청산면 인심은 완전히 뱃심입니다.)

“그릇 하나 주세요. 덜어먹을게요.” 하니 “그 덩치에 이것도 못 먹어? 덩치 유지하려면 이건 먹어야지…….” 쐐기를 박는다.

열심히 먹었다. 얼큰한 메기국물에 비벼 돌린 국수. 아주머니 성의만큼 배불리 먹었다. 목에서 끄윽 소리가 올라오도록. 뒤에서 왔다 갔다 하시던 아주머니 “그렇게 잘 먹으면서…….” 하며 흐뭇해하신다. 어떻게 먹었는지 기절할 정도로 열심히 먹고 인사 구십도로 하고 나왔다.

바람. 시골 공기. 그거 먹어보셨어요? 산골의 그보다 더 가슴을 싸아하게 만드는 시골 인심.

그거 먹어보셨어요?

그래도 그 배부른 틈새에 들깨 냄새가 고소하게 퍼지는데 자꾸만 뒤돌아봐지는 청산면 인심.

꽃은 지고 말면 그뿐이지만 사람의 향기는 곁에 둘수록 은은하게 피어나는 것. 그래서 사람이 꽃보다 아름답다고 했을까…….

내가 어찌 기억하냐구?

계단 옆에 물건을 펼쳐놓은 채 옆자리 노가리 아저씨한테 잠시 봐달라 부탁하고 문구점으로 향했다.

그동안 긁적거려 놓은 글들을 복사나 좀 해 두어야지 하고 경찰서 옆을 지나는데 전봇대 몇 개를 사이에 두고 '학우문구센타'라는 입간판이 보여 그리로 발걸음을 옮겼다.

그러고 보니 옥천 읍내에서 가장 큰 문구점이었던 것이 기억난다. 삼 년 전 잠시 옥천에 살았던 적이 있었는데 그때 시를 적은 대학노트 한 권을 복사했던 적이 있었던 것 같다.

문구점 문을 열고 들어서니 인근 은행과 사무실에서 나온 손님들로 번잡했다. 주인아주머니인 듯한 분이 종업원 두 명을 데리고 바쁘게 손님을 받고 있었다. 돈이 되지 않을 복사거리를 가지고 온 나는 한쪽으로 비켜나 차례를 기다리는데 곱게 나이를 드신 주인아주머니와 어찌하다 눈이 마주쳤다. 그런데 나를 본 아주머니, "어머나. 세상에. 아니, 이봐요. 어째 지금 와요. 내 얼마나 기다렸는데." 하면서 반색을 하시는 거다.

아주머니의 행동에 난 내 주위를 둘러보다 나를 보고 하시는 말씀 같아서 당황해 하니 주인아주머니께서는 "아니, 애기엄마 말이에요. 나 모르겠어요?" 하고 나를 똑바로 쳐다보신다.

"저 아세요? 지금 저보고 그러시는 거예요?"

"그럼요. 우리 가게 와서 몇 년 전에 시 복사해 갔지요?"

"네에? 아니 그걸 어찌 기억하세요? 삼 년 전 일을……. 그것도 한 번밖에 안 온 저를……."

정말이지 놀라 죽을 뻔했다.

문구점 주인아주머니께서는 "내가 어찌 기억하냐구요? 이것 좀 볼라우?" 하시며 뒤돌아서서는 금고 위에서 스크랩북을 꺼내 내 앞에 펼쳐놓는다.

당시 만년필로 공들여 써둔 시를 복사하러 갔었는데 그 시들이 스크랩되어 세월에 익어 누렇게 변색된 종이 위에 들어앉아 있었다.

"어머나, 아주머니. 어찌 이럴 수가……. 이거 제가 쓴 것들인데……. 이 시를 가지고 계셨어요?"

"그럼요. 내가 시간 날 때마다 이 시를 읽어봐서 이젠 외우기도 하는걸요. 삼 년이 보통세월이유?" 하며 웃으셨다.

순간 아주머니의 손을 덥석 잡고 "어쩜……. 고맙네요. 아아 참, 이런 일도 있네요. 아무것도 아닌 사람 것을 이렇게 귀하게 보관해서 읽어보셨네요." 하는 말까지는 나도 모르게 내뱉었는데 부끄럽다 생각하기도 전에 얼굴부터 빨개져서 고개를 들 수가 없었다. 황송하기도 하고 민망도 했다.

대책없이 달아오르는 낯빛을 겨우 수습하고서는 "그런데요, 아주머니 저 이사를 많이 다녀서 이중에 잃어버린 글도 몇 편 있는데 이거 저 주시면 안 돼요?" 하니 아주머니는 "안 되는데……. 못 주는데……." 웃으며 말씀하셨다.

복사본을 맡기고 돌아오는데 차암 기분이 묘했다. 웃음이 실실 나오고, 나도 잊고 지낸 것이 누군가의 손에서 그렇게 소중하게 보관되고 읽히고 있었다는 게 신기하기도 했다.

가끔 사는 게 참 재미있다는 생각이 든다.

오후에 우체국에 들려 괜히 우표 스무 장을 샀다. 나는 기분 좋으면 우체국에 가고 싶어진다.

이젠 인상 좋은 아주머니가 하는 학우 문구사에 가서 연필을 사고 지우개도 사고 그림엽서도 사고 공책도 사고 예쁜 핀도 살 거다.

복사 맡긴 것을 찾으러 가는 길, 문을 열자 주인아주머니께서 기다리고 있었다는 듯이 활짝 웃으시며 "여기 있어요. 복사한 것." 하고 건네시는데 헝겊으로 단정하게 꾸민 손가방 속에 얌전하게 담겨 있다.

"어? 아주머니……."

"그 가방은 내가 선물하는 거유. 지난 글에 대한 원고료로. 내 얼마나 기다렸는 줄 아우?" 아주머니는 내 손을 꼭 잡았다.

그냥 오래 전부터 어디선가 알고 지내던 분 같았다. 이렇게 다정하게 대해 주시니.

나는 괜히 어리광이 부리고 싶어져 "혹시 이 글도 복사 따로 해 놓으신 것 아니세요? 이젠 안

되는데. 그러시면 안 되는데……. 그러셨지요?" 하니 아주머니는 대답은 안 하시고 슬슬 웃으면서 내 눈을 피한다.

단정한 가방에 들어앉은 복사본을 받아들고 나오는데 문을 열어 주시면서 "다음에 또 와야 해요. 내 기다릴게요." 다짐받듯 말씀하시고 "네. 꼭 올게요. 저 잊지 않으시게 꼭 올게요." 하고 걸어나오는 내 등 뒤가 아주머니의 시선으로 따뜻했다.

낮게 사는 사람들

「시냇물 흐르는 다리를 건너는 것이
좋았습니다.
잠시 아무것도 보이지 않는
굴다리가 있는 것도 좋았습니다.
개나리가, 담을 치는 장미가, 수줍은 듯 탐스런
수국이 풍성한 꽃이 많은 동네라 좋았습니다.
그곳에 희망 하나 걸어 놓았습니다.」

파란 대문집 채송화 집사님

시냇물 흐르는 다리를 건너는 것이 좋았습니다.
잠시 아무것도 보이지 않는 굴다리가 있는 것도
좋았습니다.
개나리가, 담을 치는 장미가, 수줍은 듯 탐스런
수국이 풍성한, 꽃이 많은 동네라 좋았습니다.
달빛이 깊은 옥 같은 동네에 대나무 숲이 손짓하
는 파란 대문 집.
그곳에 희망 하나 걸어 놓았습니다.

시냇물 있는 다리를 건너는 것이 좋았던 집. 신작로를 지나 유난히 길었던 세 번째 골목을 한참 걸어 들어가다 보면 점방이 나오고 그 점방을 지나 칠이 벗겨진 검정 철대문 집이 한때 아이들과 내가 살았던 집이다. 안경 쓴 할머니가 점방을 지키고 있는 그 골목 끝집, 그러니까 내가 살던 그 옆집에는 "채송화 집사니임!" 하고 부르면 채송화처럼 작은 얼굴에 함박웃음을 지으며 두 손

잡으며 반겨 주었던 아주 아주 살가운 이웃이 살았다. 오늘 아침 설거지를 하면서 갑자기 못 견디게 채송화 집사님이 보고파졌다. 하루 일을 접고 찾아가기로 했다.

옥천군 옥천읍 옥각리.

"이 동네는 '옥'자가 세 개나 들어가서 참 예뻐요. 혹시 나중에 옥새 하나 받아들지 않을까 하는 예감이 드는데요." 하고 첫인사를 대신했었다. 도시에 살고 있는 집주인의 부탁으로 내게 열쇠를 대신 건네주시던 집사님께서는 "그러게 말이에요." 하고 웃음으로 답하셨다.

아이엠에프 파고를 넘지 못하고 사 년 전 모든 것을 잃었다. 집도 없이 수중에는 달랑 몇십만 원. 남편은 돈을 벌어보겠다고 떠났고 아이들과 남은 나는 어떻게든 살아야 한다는 집념, 아니 오기, 아니지, 목숨보다 더 소중했던 아이들과 헤어지지 않으려는 안타까움으로 몸부림쳤다. 이대로 아이들을 놓았다가는 가족이 뿔뿔이 흩어질 것만 같았다. 아직 한참이나 엄마의 손길이 필요한 아이들. 어떻게든 방값을 구하기 위해 일 년

후 만날 약속만을 남긴 채 아이들을 떼어 놓고 일을 했는데…….

그날따라 눈은 많이도 내렸었다. 일을 마치고 돌아온 늦은 시간 아이들이 보고 싶어 전화를 했더니 엄마를 찾아가겠다고 두 아이가 재를 넘어 나갔단다. 그러다 길을 잃고 눈 속을 헤매다 경찰한테 구조되어 지금 경찰서에서 보호하고 있다고 했다.

당시 딸아이는 초등학교 2학년. 그리고 아들은 초등학교 4학년이었다. 높은 빨랫줄에 널어놓은 저네들 옷가지를 어떻게 걷어갔는지 도저히 모르겠다며 아이들을 맡겨놓았던 집주인 할머니는 혀를 끌끌 찼고, 저희들 키만큼 큰 배낭을 어떻게 짊어지고 갔는지 그 또한 이해가 안 간다며 "영악스런 놈들……." 하는데 그 말끝은 들리지도 않았다. 고개가 험하고 깊어 눈이 내리면 어른도 걷기 힘든 산길을 저희들끼리 찾아 나섰다는 거다.

수화기를 내려놓고 헛걸음을 놓는 줄도 모르고 달려가는데 "아이들만 무사히. 아이들만 무사히."

하는 기도밖에는 아무것도 생각할 수 없었다.

갑자기 변해버린 환경 탓에 시력이 떨어져 안경을 쓰게 된 딸아이와 명랑한 장난꾸러기에서 말수가 적은 사내아이로 훌쩍 커버린 아들은 허겁지겁 달려온 엄마를 보고 좋아라했다. “엄마. 오빠가 나 발 시렵다고 오빠 털신발 벗어주고 오빠는 내 운동화 신고 걸어왔어.” 하길래 얼른 내려다보니 아직도 큰 녀석 발꿈치는 꺾어 신은 제 동생 운동화 밖으로 삐죽 삐져나와 있었다. 눈길을 걸어오면서 얼마나 발이 시렸을까. 아들녀석은 얼른 “엄마한테 갈려면 아직 멀었는데 영비가 발 시렵다고 울어서 내 신발 주고 나는 영비신발 신었는데 그래도 나는 발 안 시려.” 하고 짐짓 씩씩하게 말했다. 눈물이 펑펑 쏟아졌다.

아들은 “엄마. 나는 발 안 시린데 왜 울어, 울지 마.” 하고 되레 에미를 달래고 딸아이도 “엄마. 나도 오빠 신발 신어서 발 안 시렸어. 울지 마” 하다 저희들도 따라서 운다.

도시는 싫었다. 너무 가진 것이 없어서 싫었다. 사실 솔직히 말하면 가난이 두려웠고 사람이

무서웠다. 아이들이 겪게 될 궁색함을 바라볼 자신이 없었다. 예전부터 시골생활을 꿈꾸어 왔던 나는 이렇게 해서 뜻하지 않게 꿈이 이루어지는구나 하는 마음으로 시골로의 귀향을 결심했다.

그렇게 눈길 속 실종사건 뒤 아이들과 함께 찾아들어간 집이 채송화 집사님 댁 옆 그 검정 철대문 집이었다. 부뚜막, 연탄광, 찢어진 문풍지, 유리문이 없는 마루, 쥐오줌이 번져 있는 천장. 대신 넓은 마당이 있었고, 뒤란에서는 대나무 숲이 울고 있었다. 장날 새벽 채송화 집사님과 쇠전에 가서 누렁이 새끼 세 마리를 샀다. 그리고 넓은 마당에 풀어놓았다.

외롭지 않았다. 짐승에게만큼은 배신당하지 않을 것이라는 확신을 붙들고 싶었다. 그만큼 정이 그리웠을 때 이웃해 있는 채송화 집사님 댁에 가면 마당 가득 키 작은 꽃들이 넘실거렸다. 저 혼자 시도 때도 없이 뚝뚝 떨어지는 능소화꽃을 찻잔 받침 삼아서 차를 마시고는 했던 그 집…….

집사님은 내게 교회를 다니라고 했다. “싫어요. 그런 말씀하시면 저 다시는 여기 안 와요!” 하면 “화내니 무섭구먼.” 하고 슬쩍 웃어넘기셨다. 신이 있다면 이럴 수는 없다고 나는 생각했다.

채송화 집사님은 내가 늦는 날이면 아이들 저녁밥을 챙겨 주고 무서워하는 아이들과 함께 있어 주었다. 연탄불 꺼트리기를 밥 먹듯 하다 결국 번개탄 몇 장을 다 쓰고도 불을 붙여내지 못한 날, 전기장판을 내오면서 부뚜막에 앉아 울고 있는 나를 붙들고 더 서럽게 울어서 내 울음을 달래 주곤 했던 집사님.

오래 묵은 포도주 한 병 들고 오셔서는 수제비 끓여내어 아이들 먹이고 “사람을 미워해서는 안 된다. 사람을 미워하면 안 된다.” 하면서 내 손을 꼭 잡다가 “어째 이리 손이 곱누? 세상은 공평해서 이젠 일 좀 하라는갑다. 고생을 고생으로 생각하면 안 되고 즐겁게, 매사에 즐거운 생각으로 몸 건강한 것을 감사하게 생각하면서 살아가야 하는 거 알지?” 하고 다독여주면 “아니요. 고생을 뭔 감사로 생각한대요? 고생은 고생이지. 나는 고생해도 싸요. 왜 사람을 안 미워해요? 미운

사람은 미워해야지. 난 미워하고 말껴. 엄청 많이 미워할 건데." 하고 짐짓 심술을 부렸었다.

우리 집 누렁이 새끼 낳은 날 나보다 더 기뻐하며 미역국 한 솥 끓여오셨고, 두 달이 지난 장날 고물고물한 새끼 강아지 차에 싣고 쇠전에 나가 함께 팔아 주시고는 어미와 떼어놓는 것이 못내 마음 아프고 미안하여 눈이 젖어 있는 나를 묵집으로 끌고 가서 소주 한잔 건네주시며 "옛날 얘기하며 살 날 있을 거야. 누구나, 누구나 사는 것은 다 힘들어. 그래도 예쁜 두 아이들, 저렇게 착하고 예쁜 아이들이 있으니 얼마나 좋아. 세상에 나보다 더 못한 사람들 참 많다. 좋은 것만 생각하고 좋은 것만 바라보고. 그렇게 살아. 알았지? 반드시 옛말하며 내 생각할 때가 있을 거다." 했던 채송화 집사님. 일 년을 채우고 더 깊은 시골로 이사 갈 때 "소식 전해, 소식 꼭 전하고. 알았지? 잘 살 수 있을 거야, 씩씩해서. 이보다 얼마나 더 씩씩할까? 내 이리 씩씩한 여자는 첨 보았네." 했던 채송화 집사님.

그런데 나는 무심하게 소식 한번 전하지 못하

고 삼 년을 보내고서야 오늘 아침, 시냇물이 흐르는 다리를 건너는 것이 좋았던 그 동네를 찾아갔다. "집사님. 채송화 집사님!" 하고 문을 흔드니 문이 잠겨 있다. 안채가 깊어 못 듣는 경우도 많았던 기억을 떠올리곤 우체통 안에 손을 넣어 보니 아! 아직도 그대로 있다, 대문 열쇠.

문을 여니 채송화가 피었던 그 자리에 이 마당 끝에서 안채 끝까지 온통 피어난 국화꽃이 먼저 반겨준다. 반들반들 빛나는 대청마루, 풀 먹여 걸어놓은 옥양목 커튼.

신발이 한 켤레만 얌전히 놓여 있는 것을 보니 어디 나가신 모양이다.

능소화나무 아래 서 보았다. 대책도 없이 툭툭 떨어지던 꽃이 색깔과는 다르게 싱겁다 싱겁다 했던 그 꽃나무. 그 꽃잎 주워들어 찻잔 받침 하며 마주앉아 능소화처럼 귀 활짝 열고 이야기 나누며 나직이 행복해 했던 저 꽃자리. 들고 온 케익 마루 위에 올려놓고 메모지 한 장 끼워 놓았다.

채송화 집사님.

옛날…… 옛날에…… 저 길 잃고 헤맬 때 집사님이 참 예뻐해 주셨는데…….

옛날…… 옛날에 말이지요.

맨날 불 꺼트리고 앉아 있는 저 쳐다보시면서 연속극이 따로 없네 했던 저……. 누군지 아시지요? 능소화처럼 먼 곳을 향해 귀 열어놓고 산다는 저, 누군지 아시지요?

사랑해요 집사님.

눈 오는 날 다시 올게요.

차암 좋은 우리 이장님

초등학교 4학년, 그러니까 지금부터 35년 전 우리 동네 이장님은 젊은 어머니의 치맛자락을 붙들고 하늘만 빼꼼히 보이는, 멧돼지가 나온다는 속리산 길목 굽이고개 구티재를 넘어 이 동네로 왔더란다. 먹을 것이 궁하던 시절이라 어머니 따라온 어린 소년은 새 아버지 눈치에 가고 싶은 학교도 못 가고 소꼴 베러 언덕에 올라가 진달래꽃 아카시아꽃으로 주린 배를 달래며 혼자 놀고 혼자 일했다던가.

학교 갔다 돌아오는 동네 친구들을 부러움 가득한 마음으로 바라보며 자기 키보다 더 큰 나무를 한 짐 해서 지게에 얹고 돌아오면 기다리고 있는 것은 새 아버지의 매질이었단다. 진달래꽃 피는 곳은 두견새가 울다 피 토한 자리라는 것을 일찌감치 알아버린 소년은 어머니가 몰래 쥐어 주는 주먹밥을 뒷산 나무 밑에서 먹고 새우잠을 자며 늘 꿈을 꾸었다고 한다.

"난 크면 우리 동네 논과 밭을 다 사고 말 거여. 그래서 배불리 쌀밥 한번 먹고 말껴. 난 그 꿈을 꼭 이룰 거란 말여. 아이들은 힘닿는 데까지 낳아서 넓은 마당에 도란도란 뛰어놀며 자라게 할 거구, 난 참말로 그들의 좋은 아버지가 될 거여." 이게 우리 동네 이장님의 꿈이었다고 한다. 새 아버지 밑에서 온갖 천대를 받고 자랐으면서도 우리 동네 이장님은 이복동생들을 아껴주고 사랑했다 한다.

청년이 되면서 건설현장의 노동자로 떠돌며 일하던 끝에 저 멀리 사우디아라비아에 가서 몇 년간 땀 흘리고 돌아와 그 귀한 돈으로 이복동생들 뒷바라지와 새 아버지 병수발을 하고 고향 떠나는 이웃들의 논밭을 하나씩 사들였단다. 남들 보기에는 볼품없이 왜소한 체격의 우리 동네 이장님이지만 그 누구보다도 눈빛은 선하고 늘 반짝거린다. 십 년 전이나 지금이나 입는 옷은 똑같다.

"나는 새 옷을 입으면 두드래기가 나고 걸음이 안 걸어져유. 다 나만 쳐다보는 것 같기도 허구. 사람은 꼴이 아닌데 옷만 좋은 것 걸쳤다고 흉보는 거 같어유. 신발두 그려유. 옛날에 맨발로도 다녔는데 이거 오 년밖에 안 된거유. 내 말이 나왔으니 말이지, 첨으로 검정고무신 가졌을 때는 말유, 맨발로 산이고 들로 뛰어다니다가 핵교 다니는 친구들 만나면 얼렁 품속의 애끼고 애끼던 고무신을 꺼내 신고는 했는데, 한날 그 친구들과 둠벙에 헤엄치러 갔다가 내 신발을 냇가로 떠내려 보낸 것 아니것슈? 울엄니가 그 껌정 고무신 사주려구 새 아버지한테 매 맞아가며 아끼고 아껴 모아 숨긴 돈인데……. 내 그 신발을 찾으려구 얼마를 헤엄쳐 내려갔는지 나중에는 동네 어른이 와서 기운 빠져가는 나를 건져냈슈. 내 그때 참말로 하 속이 상해서 산속에 가서 몇 날을 울고 엄니한테 신발 잊어버렸다구 빗자루로 엄청 두드려 맞았지만 장난으루다 내 신발을 떠내려 보낸 그 부잣집 친구를 생각하면서 하루도 쉬지 않고 억척같이 일했어유. 그 친구 공부할 동안 일해서 돈을 벌어야만 그 친구를 이기는 거라고 생각했어유. 달리 방법이 없었어유. 일하는 방법밖에…….” 하는 말을 듣고 있으면 어느새 코끝이 찡해온다.

열심히 땀을 흘린 대가로 그 성실함이 널리 인

정받아 지금은 어린 시절의 소원대로 쌀밥을 배불리 먹고 남을 만큼의 많은 논과 밭을 갖게 되었으니 이 얼마나 축복할 일인지. 이장님은 건축업도 겸하고 있는데 함께 일하는 현장의 직원들이 모두 동네의 젊은 사람들인 것 또한 보기 좋은 일이다.

지난여름 퇴근 후 이장님의 건설현장에 나가 서류 작성을 도왔는데 그곳에서 공사일을 맡기는 사람들과 이장님 사이의 대화를 귀담아 듣곤 했다. "나는 우스꽝스러운 데 가서 대접은 못해도 (여기서 우스꽝스러운 곳이란 여자들이 있는 술집을 말한다) 그런 곳에 나갈 돈으로 콘크리트를 더 치고 못 하나라도 질 좋은 것으로 써서 튼튼한 건물 지어줄 거구먼유." 얼마 전에는 우리 읍내 군민들의 건강을 책임지는 군 보건소를 잘 지었다고 감사패를 받기도 했다.

다섯 명의 아이들이 넓은 마당에서 뛰어노는 이장님의 집에 들어서면 이장님이 살아온 결코 우스꽝스럽지 않은 삶이 곶감처럼 분을 일으키며 차지게 달큰하게 녹아내린다. 하지만 한 마디 한 마디 재미나게 말하여 웃음이 끊이지 않는 그

뒤에 서늘하고도 깊은 그늘이 언뜻언뜻 비추이기도 하는 우리 동네 이장님. 사람이 지극히 사람다운 우리 이장님. 오늘도 외로운 전봇대에 매달려 있는 스피커에서 이장님의 구수한 목소리가 흘러나온다.

"이따가 농협공판장에서 벼 수매가 있사오니 지난 시간 고생들 많이 하셨는데 좋은 결과들 있길 바래유. 늦지 않도록 얼릉 가서 일들 보시구 돌아오시는 길엔 조심해서들 오셔유."

나는 우리 동네 이장님이 차암 좋다.

호랑이 할머니

외진 시골길이라 버스가 일찍 끊기니 불편한 게 한두 가지가 아니었다. 그러던 어느 날 퇴근하고 집에 오니 마당에 승용차가 한 대 서 있다. 차 안을 들여다보고 있는데 전화가 왔다. “그냥 쓸 만은 할 테니까 타고 다녀. 해가 짧아져서 버스 놓치고 그러면 불편하잖아.” 가까운 친척분의 배려였다.

이렇게 해서 나의 출퇴근은 마이카로 바뀌게 되었는데, 하늘의 노을은 내 마음처럼 깊어만 가고 느티나무 숲을 지나 집으로 돌아오던 어느 날. 길가에 한 짐 가득 물건을 부려놓고 할머니 한 분이 도로 안에까지 들어오셔서는 손을 흔들고 계셨다.

“할머니, 어디까지 가시는데요?”

“새닥은 어디까지 가는디?”

“전 속리산 쪽으로 가는데요.”

“그려? 그럼 어여 문 열어봐. 나두 거기로 가

는겨."

얼른 문을 열어 드리고 할머니가 나르시는 짐을 받아 올렸다. 차에 앉으신 할머니는 구성진 목소리로 이야기를 풀어놓기 시작했다.

"내 이 동네로 열여덟 살 때 시집을 왔는디 이 읍내사람들이 워디서 저렇게 고운 츠녀가 왔느냐고 다들 구경왔었어. 그랴서 우리 서방님이 닳는다고 광에다가 나를 숨겨놓고는 했다니께. 참말여. 지금은 늙어서 이렇게 꼬부라지고 볼품없이 됐지만 말여."

"네에. 지금도 보기 좋으신데요."

"그려. 새닥이 사람 볼 줄을 아는구먼. 내 참말로 내 자랑이 아니라 지금도 읍내장에 가면 태가 흐른다고 혀."

"그런데 할머니 어디에 세워드리면 될까요?"

"응, 저 고개 너머에 밤나무숲 있지. 그 안으로 한참 들어가면 우리 집 나와 . 내 짐만 없어두 걸어가는디 짐이 많으니께. 가다가 내릴 수는 없고 우리 집까지 데려다 줘."

"네?"

"왜? 싫은겨?"

"싫은 게 아니고 할머니, 제가 운전이 서툴러서 그래요. 운전대 다시 잡은 지 이틀밖에 안 돼서……. 그리고 거긴 길도 좁고 한번도 가보지 않은 길이라……. 또 어두워졌고……. 제가 모셔다드리고 싶어도 자신이 없는데. 그리고 집에서 아이도 기다리고 있고."

"그래서 지금 싫다는겨? 시방? 이 늙은이를 길거리에 내려놓고 그냥 가겠다는겨 시방?"

"네? 아, 예. 그건 아니고 그쪽으로 가시는 분들 있으면 함께 타고 가시라구요."

"누가 거기까지 이 늙은이를 데려다 주겠어. 새댁 차 타는데도 시간반이나 기다렸는걸. 그러지 말고 어여 가기나 혀."

"……."

"근데 새댁은 어디 사러? 내 첨 보는 얼굴인데."

"네. 저기 새마을 옆 학교 근처에 살아요."

"새마을 옆 워디? 춘복이네 옆집인가, 아니면 거기 머슴 살던 길식이네 뒷집인가?"

"아니요. 이층집 담배건조실 뒷집요."

"그려? 내 그 동네도 잘 알지. 올해 춘복이네 담배농사는 워뗘?"

"네에. 잘 모르겠어요. 비가 많이 와서 수확이 얼마 안 됐나 봐요."

"그려. 하늘이 하는 일이니께. 그거야 워쩔 수 없는겨. 그런데 새닥도 농사짓남?"

"네. 조금. 우리 먹을 채소 조금 심어요."

"그려. 싹수 있구먼. 응, 돈 벌려면 을매나 힘들어. 한 푼이라도 아껴서 살아야지."

"그런데 할머니, 더 들어가야 하나요? 한참 온 것 같은데."

"응. 다 왔어. 쬐끔만 가면 되여. 우리 집 가서 밥 먹구 가"

"아니에요. 집에서 아이가 기다려서 빨리 가야 해요."

"그려, 그럼 어여 가야지. 저기여. 저기가 우리 집여. 우리 아들이 서울서 사는데 말여. 이번 여름에 돈을 벌어가지고 와서 이 늙은이 힘들다고 부엌도 싱크다인지 뭘로 다 고쳐주고 뒷간도 물 내리는 걸로 다해주고. 새닥, 우리 집 한번 들어갔다 가볼텨?"

"아니에요. 다음에 가볼게요."

할머니를 집 앞에 내려드리고 차를 돌렸다. 금세 주위는 깜깜해지고 익숙하지 않은 운전솜씨에 얼마나 긴장하고 달려왔는지 어깨가 저려왔다. 인적 없는 숲길에 무섬증이 와락 몰려와 핸들을 꼭 부여잡고 달리는데 갑자기 뭔가가 차 앞으로 휙 지나갔고 나는 반사적으로 핸들을 틀었다.

어어어어어어어!!! 차는 시냇가 쪽으로 미끄러져 내린다. 핸들에 머리를 박고 두 눈을 꼭 감고 '죽는구나. 이렇게 해서 마흔 해의 비망록을 접는구나. 내가 없으면 우리 아이들은 어떻게 하나' 하는 생각들을 두서없이 떠올리다 주변이 조용해져 고개를 살며시 들어보니 차는 개울물 속에 들어와 있었다.

'휫, 살았다. 나는 살은겨. 에구. 나만 살면 되는겨.'

차에서 내려 정신을 차리고 이장님 댁에 전화를 하고 숲에 앉아 기다렸다.

그렇잖아도 춥고 무서워 죽겠는데 숲 속에서 들고양이들은 왜 그렇게 울고 돌아다니는지. 아까 휙 지나간 것도 지금 생각하니 들고양이인 듯

했다.

한 시간 남짓 기다리니 동네 아저씨 두 분이 트랙터를 가지고 오셨다. 트랙터로 차를 끌어내고 집에 돌아오니 그제서야 긴장이 풀어져 쓰러지듯 잠이 들어버렸다.

얼마나 되었을까. 강아지 짖는 소리가 나더니 "새닥, 새닥. 아직 자나?" 하고 누군가 방문을 드르륵 연다.

"누구세요?"

"응. 나여 나. 어제밤 우리 동네까지 나 태워다 줬잖여."

"네에. 그런데 웬일이세요. 이 새벽에……. 여긴 어떻게 알고……."

"응. 새닥이 집 알려줬잖여. 그런데 어제 새닥 차 냇가로 꼰두박질쳤었나?"

"네에. 어찌 아셨어요?" (미안해서 인사하러 오셨구나. 뭐 그렇다고 이렇게 신새벽에 오시기까지.)

할머니는 "응. 맞네. 잠깐만 지둘러 봐." 하시더니 밖을 향해 소리치셨다. "맞대유. 이 새닥

차가 거기 빠졌다는구만. 이리 들어와유. 오리새끼들은 거기 놓구." 하는 소리가 들렸다.

아니, 그렇다고 오리를 가지고 오실 것까지야 하며 나가보니 웬 아저씨 한 분이 "새닥 차가 빠지는 바람에 시냇가에 풀어논 우리 오리새끼가 두 마리는 차에 치여 죽고 네 마리는 놀래서 죽었구먼." 하시는 거였다.

"네에? 제 차에요?"

"그럼 새닥 차지. 누구 차인감? 요새 오리값이 비싸서 말여." 하고 아저씨를 거들고 나서시는 할머니.

(흐으! 정말이지 나도 놀래죽겄구먼, 저 할미니 땜시.)

아저씨께 오리 값을 물어드리니 할머니는 가시면서 "새닥! 우리 집에 언제 한번 놀러와. 우리 서울 사는 아들이 말여. 돈을 벌어가지고 와서는 싱크대도 놔주고 물 내려오는 뒷간도 만들어주고……." 연신 자랑을 늘어놓으셨다. 할머니가 돌아가시고 승용차를 준 친척분께 전화를 했다.

"저, 차 안 탈래요. 그냥 버스 타고 자전거 타

고 다닐래요.”

“아니 왜 그러는데?”

“어떤 무서운 할머니 때문에요. 무서운 할머니 때문에 못 타겠어요.”

은수아빠가 바람이 났다네요

밤 두시쯤 되었을까. 잠결에 받은 수화기 건너에서 이장님 목소리가 들렸다.

"밤늦게 죄송해요. 은수엄마가 지금 집을 나갔어요" 하는 기운 잃은 목소리였다. "왜요? 무슨 일 있어요?" 하니 "네……. 좀 오해가 있어서……."라고만 대답하신다. 수화기를 내려놓고 급하게 자전거 페달을 밟아 진료소 쪽으로 갔다.

마주오던 승용차에서 헤드라이트빛이 비쳐 고개를 돌리니 차창을 열고 은수엄마가 고개를 내민다.

"이 밤중에 어디 가?" 하는 은수엄마.

"은수엄마 잡으러……." 하는 나.

그렇게 집으로 돌아와 작은 방에 불을 켜놓고 마주앉았다. "뜨거운 차 한 잔 마실래?" 하니 은수엄마는 "술 있어?" 한다. 소주와 쑥국을 들고 들어가 서로의 빈 잔을 채웠다.

"은수아빠가 바람났어……." 하고는 안경 밑

으로 주루룩 눈물을 흘린다. 말 한 마디 던져놓고 울 수 있다는 것……. 아직 눈물이 많이 남아있다는 것……. 우리 은수엄마이기 때문이다.

"처음엔 사람들이 그러더라……. 은수아빠한테 돈 빼내려고 다방아가씨가 붙었다고. 기분이 나쁘더라고. 우리 은수아빠가 바람피우면 사랑해서가 아니고 아무리 볼품없다 해도 돈 빼내려고 라니." 눈물 흘리며 말하는 은수엄마가 이렇게 푸근하고 성격 좋은 사람인데 은수아빠는 차암…….

"그런 말 귀에 담지 마. 시골다방 아가씨랑 한 동네에서 바람피우는 거, 그거 프로가 아니라 그런 거야. 그리고 바람은 무슨 바람. 전에 그러던데 뭐. 어린 나이에 가족 부양하느라고 돈 벌러 나왔다는데 하는 짓이 여간 예쁘고 귀엽지 않아 꼭 동생처럼 마음이 간다고. 그게 전부래. 같은 여자라도 그런 마음 들 때 있잖아."

"그래. 나도 알아. 내가 은수아빠가 어떤 사람인 줄 몰라서 그러는 것도 아니고. 하지만 우리가 어떻게 시작했는지 알지? 우리가 이 자리에 설 때까지 얼마나 힘들게 살아왔다는 것도 알지?

그런데 나 몰래 그 아가씨한테 돈을 줬더라고."

"돈을? 얼마나?"

"삼백만 원"

"왜?"

"몰라. 말을 안 해. 사정을 들어보니 너무 딱해서 줬다는 말밖에……. 돈을 왜 줬다고 생각해? 틀림없이 뭔 일이 있었으니까 돈을 준 거 아니겠어?"

이런저런 이야기가 오가는 사이, 벌써 소주가 두 병째 비워지고 있었다. 은수엄마는 쉴 새 없이 눈물을 흘리고 닦아 벌써 눈이 발개져서는 "나쁜 놈. 나쁜 놈. 내가 아이들과 저를 위해 어떻게 살았는데. 없는 집에 시집 와서 이만큼 일궈놓으니까 이제 딴 짓을 해? 나쁜 놈……." 푸념을 입 안에서 굴렸다.

우리 동네 이장님은 키가 작고 빈약한 체격에 보일 듯 말 듯한 눈매를 갖고 있어 어느 자리에서도 시선을 끌지 못하는 그런 분이다. 하지만 이장님의 인간성은 멀리서도 빛을 내어 이장님을 떠올리면 벌써 마음이 따뜻해지고 그 사람 편에 서고 싶어질 정도로 좋은 성격을 가진 그런 분이다.

잠시 후 우리 동네 이장님, 그러니까 은수아빠의 그림자가 헛기침 소리와 함께 창호지 문에 드리워졌다. "들어오세요." 하는 내 말에 주춤주춤 은수아빠는 들어오고 은수엄마는 눈 흘기며 뒤돌아 앉는다. 그러면서도 나쁜 놈, 나쁜 놈 하면서 눈물 흘리는 게 내가 보기에는 더할 수 없는 애정의 확인 같기만 했다.

은수아빠가 먼저 입을 열었다. "내가 말없이 돈을 쓴 건 미안한데 사정이 하두 딱해서 줬어. 그 아가씨 동생이 셋 있는데 학비를 대기 위해 집을 나와 일을 시작했다지. 그런데 얼마 전에 다방에서 보니 옆에 앉은 손님이 손을 대니까 소리를 지르고 가슴을 움켜쥐더라고. 그러니 남자가 여자의 뺨을 때리고. 맘이 안 좋아 나중에 물어봤더니 유방에 염증이 생겨 아파서 그렇다고 하길래 병원에 가보라고 했지. 그리고선 며칠 후 들러봤는데 그 아가씨 얼굴이 영 말이 아니어서 물어봤

더니 유방암이라고 수술하라고 하더래. 빚을 내어 수술을 하면 계속 치료도 못하고 다방에 돌아다녀야 한다길래 내가 당신 허락 없이 돈을 줬어. 내가 그만큼 더 일할게. 미안해."

은수엄마는 울기를 멈추고 뒤돌아 앉아 "정말야? 그런데 당신이 그 아가씨 서방이야? 왜 돈을 줘. 나하고는 상의도 없이. 당신 나한테 옷 한번 사 입으라고 손에 돈 쥐어준 적 있어?" 하고 쏟아부었지만 내 귀에는 그 말들이 이미 화는 풀어지고 살아온 날에 대한 푸념이랄까 어리광쯤으로 들리고 있었다.

내가 "그거 봐. 은수엄마는 알지도 못하고. 은수아빠는 착한 사람이라 그만큼 일 더 하고 돈 더 벌 수 있을 거예요. 잘 했다고 하기에는 좀 그렇지만……. 아무튼 나쁜 짓은 안 한 거니까 됐잖여. 괜히 사랑싸움 하고 난리여 씨이. 그만 가. 나 자야지. 그래야 내일 일하지. 아고, 내일이 아니고 벌써 오늘이네. 새벽이잖여. 그라고 이장님은 우리 은수엄마 옷도 사주고 그래요. 알아서 쓰라고 하시 말고. 알아서 쓰라고 하면 은수엄마가 쓸 사람이에요? 직접 손 잡고 가서 맛있는 것도 함께 먹고 그러세요." 하니 벌써 은수엄마 돌아앉아 은수아빠 무릎 톡톡 치고 있다.

집으로 돌아가는 두 사람에게 서로 손을 꼭 잡게 하고 바라보는데 은수엄마는 은수아빠의 등을 치며 "나쁜 놈. 나쁜 놈." 하고 아내가 할 수 있는 갖은 술주정을 한다. 그런 술주정을 바라보는 것만으로도 괜히 내 가슴이 뭉클해지며 더할 수 없는 애정확인 같아 부러움이 목구멍으로 차올랐다.

봄날은 간다

공짜로 생긴 칠갑산 호텔 숙박권. 그냥 묵힐까 어쩔까 망설이다가 동네 아줌마들한테 바람을 넣었다. 결과는 농군 남편들의 예상 밖 배려에 떠밀리다시피 해서 떠나게 된 1박 2일의 즐거운 휴가 여행.

풍경이 아름다운 동네에 살아서 차창 밖의 경치야 달리 새로울 게 없지만 손만 대면 노란 물이 묻어나올 듯한 개나리 숲을 지나 하얀 눈꽃들이 일제히 소리치는 배나무 밭을 뒤로 하며 사월의 거리를 달리는 맛은 남달랐다.

마치 우리를 기다리고 있었다는 듯 벚꽃들의 열병을 받으며 칠갑산 호텔의 객실로 들어왔다. 비밀의 화원처럼 아름다운 곳에 여장을 풀고……. 거기까지는 뭐 그런대로 괜찮았다. 우리의 아줌마들은 들어서자마자 집으로 전화하기 시작했다. 그리고는…….

"모판에 물 줬어요? 바람이 센 듯한데 담배밭

의 비닐은 안 날러 갔어유? 둑에 매어논 염소 잊어버리지 말고 밤에 꼭 우리에 갖다 넣어유. 전처럼 누가 달고 가게 하지 말구."

"우리 동네 구제역 피해 간 건 확실하다구 해? 다시 한번 면사무소에 확인해봐. 그리고 소 막사에 소독약 치고 그리고 술 마시면 안 돼요. 알았지유? 그렇게 걱정 되면 지금 집으로 오라구유?"

"마누라 없으니까 읍내 가서 다방여자 품고 잔다구?"

(에고, 못 말린다.) 다음은 누구 차례냐. 후후후.

"과일저장고에 온도 잘 맞춰놓고 주문 들어온 과일즙 꼭 짜놓고 배달해줘요. 오리하고 닭 모이 주는 것 잊지 말구요. 그리고 나 없다고 술 마시면 안 돼요오옹. 그럼 돌아가서 절딴 날줄 알아유."

애교 섞인 목소리가 지나고 다음엔 또 누구 차례냐. 아, 사슴장의 진용이 엄마 차례구나.

"여보, 오다 보니까 수양버들 가지마다 기가 막히게 물이 잘 올랐던데 우리 사슴 베다주면 참 잘 먹겠는데. 뭐라구유? 집 걱정 잊어버리고 잘 놀다 오라고유? 알았어유. 그런데 숫사슴 아무

리 소리 질러도 절대 암사슴 우리에 넣지 말아유. 밤새도록 한 놈이 열 마리도 넘는 암사슴을 상대하고도 낮이면 암사슴 우리만 바라보면 소리를 지르고. 에고, 밝히는 게 사람보다 더햐." (에구 민망혀)

그만하면 됐다 싶은데도 들은 척도 않고 집안 걱정들을 늘어놓는다. 산책하고 돌아와 보니 그때까지 전화통을 붙들고 농사를 짓고 집단속을 하고 있었다. "오늘밤 비는 안 온대지? 확실한 거지? 기상청에 한번 전화해봐."

"에고. 그만들 해. 지겹지도 않아? 결혼 십몇 년 만에 첨으로 신랑하고 자식들 떼어놓고 외박하는 건데 집안 걱정들일랑 붙들어 매고 다른 이야기들 하자. 하긴 여기 와서 호미 들고 콩밭 맨다는 소리 안 하는 것이 천만다행이지. 틀림없이 일손 모자라는 한여름 콩이 지천으로 달려 뒹굴고 있을 때 왔다면 밭으로 뛰어가 일 도와줄 아줌마들 아녀, 시방."

"그건 그려. 여기까지 와서 집 걱정을 왜 하지? 다른 이야기 해보자. 그런데 다른 이야기가 뭐여? 우리가 할 수 있는 다른 이야기가 뭐지?"

"음. 예를 들면 말야. 우리 자신에 관한 이야기. 그러니까 우연히 찾아올지 모를 마흔 살의 사랑이라든지. 왜 있잖아. 메디슨 카운티의 다리처럼 평생을 가슴에 묻고 살아가는 그런 투명한 사랑. 그런 거. 알았지? 히히."

그런데 모두들 재가 무슨 귀신 씨나락 까먹는 소리를 헌다냐 하는 표정으로 바라보더니 "그런 건 영화니까 가능한 거지. 실제로 그게 가능하기나 혀. 요즘처럼 흉악한(?) 세상에 우리 자신의 이야기는 또 뭐여? 그냥 이렇게 되는 대로 일만 죽도록 하다 적당할 때 죽으면 되는 거지." 하는 옥자엄마.

아이고. 하하하.

"에이, 분위기 좀 잡아볼랬더니. 그려, 그냥 계속혀. 농사이야기나. 오늘 밤에 비가 온다네. 바람도 분다지?"

"뭐여? 그럼 우리 비닐하우스 어찌 되는겨. 다 날아가게 생겼네. 우리 집에 가자. 지금 가도 안 늦지. 잠은 다 잤네. 전화 좀 줘봐."

다시 시끌벅적 요란해진다.

"아녀. 농담여. 농담. 농담도 못혀? 비 안 온

대. 정말로 안 온대. 자자. 그냥 자자. 방 뜨거우니까 등이나 벌겋게 지지면서 자자. 걱정하지 말고."

"그려. 엄청 뜨겁네. 온돌방이라 그런가 보네. 야, 좋다. 이게 얼마 만에 해방이냐."

그런데, 그런데, 밤 깊도록 잠 못 이루고 소곤거리는 그녀들의 이야기는 '시'자로 시작되어서 꿈속에서도 '시'자가 메아리치는 시어머니와 시댁이야기 일색의 집안 걱정이었다.

그래도 하루 일을 놓고 나와 우리들만의 시간을 가졌다는 것. 충청도 시골 아줌마들에게는 엄청난 혁명이었다. 새벽이 꽃과 같이 피어난 다음날 아침, 밥 먹으러 내려가면서 충청도 아줌마들은 절대로 잊지 못할 거라고 말했다. 칠갑산 그 흐드러지게 꽃이 녹아나던 봄밤을.

노란 손수건

그 남자의 집은 신작로에서 북산 쪽으로 오르는 언덕길에 있다. 대문 옆으로는 염소우리가 있고 안마당에 들어서면 대청마루 옆 외양간에 소 두 마리가 매여져 있다. 화단을 따라 봉숭아꽃이 철마다 피어나 그 지난해에는 딸아이와 함께 놀러가 봉숭아 꽃물을 들인 적이 있는 다정한 집이었다.

서른세 살 난 그의 아내는 무척 부지런했다. 시어머니를 모시고 살면서 새벽 다섯 시에 일어나 소여물을 주고 밭에 나가 고추밭 배추밭 깨밭 마늘밭에 풀을 뽑고 집에 돌아오면 일곱 시. 고무신에 묻은 흙을 수돗가에서 대충 닦아내고 들어와 부뚜막이 높은 부엌에서 된장찌개를 맛있게 끓이는 그 여자의 아침상엔 잡곡밥 안에서 푹 쪄진 부드러운 애기순 호박잎이 몇 잎 올라와 있고, 그 남자의 순한 딸아이는 논둑길에 심어 거둔 콩을 윤기나게 조리고서 볶은 깨 푸짐하게 뿌린

콩자반으로 쉴 새 없이 젓가락을 가져가며 맛있게 먹었다.

그 남자는 쉬지 않고 새벽부터 밤까지 일을 해도 매년 짓는 농사로는 남의 논밭 도지를 주고 나면 남는 것이 없어 돈을, 그놈의 돈을 평생 못 벌 것 같아 어느 날 젊음이 가기 전에 돈을 벌자 굳은 결심을 하고 사랑하는 가족을 두고 배에 올랐다.

이 년 계약으로 원양어선을 타기로 한 그 남자의 눈매나 입술이 어찌나 무거워 보이는지 눈 한 번 꿈쩍이면 그 남자가 몇 시간 동안 마주 앉아 할 말을 다 쏟아낸 것 같은 느낌이 전해져 오고는 했다.

그 남자가 가족을 위해 힘든 길을 떠나고 그 남자의 아내는 인자하신 어머님을 모시고 알뜰하게 살림을 일구며 살았다. 어느 날부터 그 여자는 고생하며 바다에서 일하는 남편을 생각하고 자신도 읍내 식당에서 설거지 일을 하기로 했다. 그렇게 같이 벌면 남편이 돌아오는 날 논 몇 마지기는 살 수 있을 것 같아서였다.

그렇게 두 달이 지나면서부터 여자의 거친 머릿결에 윤기가 돌기 시작했고 밭일에 매달려 돌보지 않아 기미가 낀 얼굴에 조금씩 화장이 짙어지기 시작했다. 옷차림이 전에 없이 혼란스럽고 어울리지 않는 귀걸이가 작은 키에 찰랑거리며 붙어 다녔다.

굽 높은 구두를 뒤뚱거리며 낯선 남자와 어울리는 그 여자의 행실이 사람들의 입가에 오르내리기 시작했을 때 그 여자의 속 깊은 어머니는 며느리가 일구어내었던 밭일을 묵묵히 혼자 하기 시작했다.

"우리 며느리가 어떤 며느리인데……. 우리 아들 고생하는 거 안타까워 하루 종일 남의 집 구정물에 손 담그고 몇 푼이라도 더 벌려고 밤늦게까지 고생하는 우리 며느리. 없는 집에 시집와서 어떻게든 살아볼려고 애쓰는 착하디착한 우리 며느리." 그 남자의 어머니는 안 좋은 말이 돌 때마다 그렇게 덮어두며 진종일 밭에 나가 햇볕과 싸우며 속을 태우고 쇠약해져 갔다.

읍내의 식당에 나간 지 다섯 달쯤이 흐른 어느 날. 그 여자는 눈이 맑은 딸아이와, 인자하시고 배려 깊은 어머니와, 가족을 하늘처럼 사랑하는 남편을 두고 끈끈한 도시로 누군가와 떠나갔다.

그 여자가 떠난 날부터 북산 언덕길에 있는 나리네 집엔 유난히 노을이 오래도록 머물다 밤이 찾아왔고 삐걱이는 대문소리가 한동안 들리지 않고 소가 팔려나가고 염소가 팔려나가고 대신 주인 없는 강아지를 거둬 먹여 키운 발발이만이 나리를 쫓아다니며 마당을 들락거리고 있었다. 눈이 많이 내린 지난겨울 언덕길 대문 앞 수북이 눈 쌓인 길 위에 발자국 없는 날도 며칠인가 있었다고 했다. 나리와 나리 할머니는 눈처럼 세상을 덮고 싶다는 생각을 했을지도 모른다.

얼마 전 비 오는 날. 그 남자가 고된 노동을 끝내고 돌아왔다. 긴 가뭄을 끝으로 찾아온 비처럼…….

모두들 그 집 문전을 오가며 슬픈 이야기를 찾아내려고 애들을 썼다. 어떤 이는 걱정이 넘쳐 "혹시 농약병은 보이는 데 두지 않았겠지." 하는 말도 흘렸다. 가물 때는 집이 바싹 들릴 것 같던 북산 언덕 위 나리네 집이 비온 끝엔 한없이 한없이 젖어들어 영영 마를 것 같지 않은 그림자를 무겁게 만들고 있다.

오늘 아침 그 남자가 나리의 손을 잡고 가겟방에서 아이스크림을 사가지고 돌아오는데 그 얼굴이 어찌나 무겁던지 눈 한 번 꿈쩍이면 바라보는 이 모두가 울어버릴 듯한 그런 모습이었다.

점심나절. 동네에 119 구급차가 들어오고 병색이 깊은 어머니가 실려 나가고 그 남자가 뒤따랐다. 절망과 실의와 분노가 교차하는 듯한 남자의 등을 바라보며 동네 입구에 노란 손수건 하나 걸어놓고 그 여자가 빨리 돌아오길 기도하고 싶은 마음이 되었다.

눈 풍년

어제에 이어 오늘 봄눈이 무릎까지 채이도록 내리는 동안 도시로 나가는 길이 막혔다. 가장 먼 나들이가 집 앞 마당이었다.

눈 덮인 저수지를 바라보는 일도 사슴장을 찾아 걷는 일도 사실 귀찮아졌다.

이불 뒤집어쓰고 어제와 오늘 종일토록 시집을 읽었다. 그런데 자꾸 시집 위로 햇살이 기웃거린다.

어쩌자고……. 어쩌자고…….

"올 겨울만큼 눈 많이 온 적도 없네. 어쩌려고 이렇게 많이 오는지. 올 농사에 대풍이 들려고 그러나. 대풍이 들면 또 뭐하나. 다 거두지도 못하고 밭에서 썩어 없어지는 걸……."

구멍가게 오가는 길에 동네 어귀에서 만나는 어른들의 말씀이다. 마땅히 대꾸할 말을 찾지 못해 그냥 "네에……." 하고 지나오면서 괜히 내가 잘못해 눈 풍년이 든 것 같은 기분이 된다.

오전엔 구티재를 넘어서 버스가 나가긴 했는데 지금은 눈이 너무 쌓여 버스가 못 들어온다고 한다. 벌써 여러 날 째다.

학원 간 아이가 돌아올 때가 되었는데……. 더 어둡기 전에 고개를 넘어온다면 다행인데……. 하는 마음으로 고갯마루 쪽을 향하여 잠시 서 있는데 펑펑 쏟아지는 눈이 속눈썹에까지 내려와 앉는다. 서둘러 집으로 향했다.

이웃집 개가 지난달 새끼를 일곱 마리나 낳았다. 그 집 앞을 지나가야 하는데 우리 집처럼 담장이 없는 그 집 강아지들이 마당에서 어미개하고 놀다가 내가 지나가면 우르르 몰려와 바지 아랫단을 잡아 물고 흔들거나 양말을 잡아 뜯고는 앞장서서 꼬리를 흔든다. 돌아가면서 한 마리씩 안아주고 쓰다듬어주고 그 자리를 피하려 막 뛰어가면 조막만한 새끼강아지들이 낑낑거리며 따라온다.

우리 집 입구까지 다다르면 사태는 역전된다. 우리 집엔 순 토종 똥개 새끼만 네 마리다. 생긴

것도 무지하게 못생겼다. 밥을 챙겨 주는 주인이 오니 얼마나 반가우랴. 몇 년간 함께 지내온 스피츠 푸우와 새끼 똥개 합해서 다섯 마리가 왈왈 짖어대며 달려드니 이웃집 진돗개 새끼들이 혼비백산 도망가기 바쁘다. 제발에 걸려 넘어져 눈밭에서 떼구르르 구르는 강아지도 있고 제집을 한참 지나쳐 줄맞춰 도망가는 어리숙한 강아지도 두 마리는 꼭 있다.

그 모습을 바라보고 있으면 절로 웃음이 나온다. 한 집 건너 그 집 진돗개와 우리 집 개 때문에 작은 동네는 그야말로 개판이 되었다.

보름이 지났을까. 집을 나서는데 어제까지 보였던 이웃집의 진돗개 새끼들이 하나도 안 보인다. 괜히 궁금하고 서운해 기웃거리며 마당 안으로 들어섰더니 어디선가 한꺼번에 낑낑거리며 우는 소리가 들린다. 텃밭 뒤쪽으로 사방 각이지게 네모난 공간을 만들어 강아지들을 가두어 놓았다.

다가가니 우는 소리가 더 애처로워진다. 눈 마주칠까 가까이 하지 못하고 뒤돌아 나왔다.

밭에 다녀오던 이웃집 아주머니께서 "집에도

말이유. 강아지 묶어유. 당체 아무데나 똥을 싸질르고 다녀서 밟게 되잖아유. 그리고 거 귀찮게 한두 마리나 키우지 뭐하러 그렇게 많이 키워유. 하긴 여름 되면 똥개 값이 금값이니께. 암놈이 세 마리라니께 새끼 나면 마당 한가득이겠네. 설찬히 돈 되것구먼." 하신다.

수월찮히 돈?

사실 사다놓을 때는 돈 생각하면서였는데 이놈의 자식들이 댓돌 위에 올려놓은 신발 깨금발까지 서서 내 구두 한 짝하고 아들 녀석 운동화 끌어다 다 물어뜯고, 빨랫줄에 널린 옷가지가 바람에 날려 떨어지면 서로 물어 잡아다녀서 아끼던 스웨터 하나 입지도 못하게 만들어버리고, 슬리퍼 두 짝은 아예 껌인 양 개집에 물어다 놓고 서로 둘러앉아 질겅질겅 씹는다. 손을 넣어 슬리퍼를 빼내려 하면 입으로 꼭 물고 놓지 않아 주르르 딸려 나온다. 머리를 한대씩 때려야 그때서 죽는 소리하고 놓는가 하면 그렇잖고 끝까지 딸려 나오는 놈도 있다. "그래, 너희들 장난감 해라. 이놈아."

망가진 물건이 따지고 보면 저희들 몸값 몇 배

인데……. 그래도 목숨 붙어 있는 것을 거둔다는 게 참 좋다. 맑은 눈망울 부딪치며 따라 다니는 게 영 저를 거두는 사람 마음 아프게는 하지 않을 것 같다.

눈이 많이 오니 강아지들이 좋은가 보다. 얼마만큼 뛰다 지쳤는지 제집에 들어가서 신발짝에 얼굴 묻고 잠을 잔다. 조용해진 마당 전깃줄에 앉아 있던 까치들이 내려와 강아지 밥그릇에 앉는다. 남은 밥을 쪼아 먹는다. 까치가 내려와 앉으니 좋은 소식이 있겠지…… 하고 갖다 붙이는 억지소리는 내 특기다.

어둠이 내려오는데 아이는 언제 오려나. 눈이 이젠 그쳤으면 좋겠는데…….

누렁이

'이천년에는 발걸음도 가볍게!'라는 덕담과 함께 선물 받은 구두상품권을 품에 끼고 있다가 백화점에서 예쁜 신발을 하나 샀다. 발목에서 리본을 묶을 수 있는 단정하면서도 세련된 구두가 내 맘에 쏙 들었다.

새로움은 늘 신선한가 보다. 외출할 때 신고 나서니 발걸음이 가볍다. 집으로 돌아와 잘 닦아 댓돌 위에 가지런히 올려놓았다.

새벽은 부지런한 농촌으로 먼저 찾아오나 보다. 문풍지에 머무는 햇살에 눈을 뜨니 어느새 또 다른 하루가 찾아왔다.

창문을 열고 밖을 내다보니 다른 날과는 달리 마당이 어수선하다. 아! 제집에 묶여 있어야 할 누렁이가 막 피어나고 있는 꽃대롱을 질겅대는가 했더니 어느새 금잔화 꽃밭 위에 드러누워 배를 내놓고 장난을 친다. 아차 싶어 밖으로 나가

보니 이런! 내 새 신발을 물어 뜯어놓았다. 그나마 한 짝은 안 보인다. 누렁이는 나를 보자 꼬리를 흔들며 달려든다.

뒤뜰로 앞마당으로 다 찾아보아도 신발 한 짝이 없다. 얼마나 벼르고 별러서 산 건데.

"너 누렁이 이따 보자."

화가 치미는 것을 누르고 자전거를 타고 어딘가에 물어다 놓았을 신발을 찾으러 온 동네를 다 돌아다녔다. 밭두렁에도 없고 논두렁에도 없고 시냇가에도 없고 은행나무 밭에도 없고……. 아마 한 시간쯤은 신발을 찾으러 돌아다닌 것 같다. 도저히 찾을 길이 없어 이장님 댁으로 갔다.

"이른 아침에 웬일이래유." 하고 반기는 이장님.

"네에 죄송한데요, 엊그제 새로 산 신발을 강아지가 어디에 물어다 놓은 것 같은데 도저히 찾을 길이 없네요. 그래서 그러는데 혹 방송 좀 해주시면 안 될까요?" 하고 어렵게 말을 꺼내는 내게 "저런저런. 해드려야지유. 새로 산 거면 한참 신을 수 있을 텐데." 시원하게 대답하신다.

"고맙습니다."

인사 차리고 집을 나서는데 이장댁 사모님이 내 손에 무언가를 들려주며 “이거 돗나물인데 초고추장에 무쳐 먹으면 아주 상큼하구 맛있어유. 도시서 살다 와서 아마 이런 것 잘 모를거유. 아주 맛있어유. 참 그럴 것 없이 여기 샘에서 다 씻어서 가지고 가유. 가서 바로 무쳐 먹으면 되니께. 그라구유 신발은 방송하면 찾을 수 있을 거유. 그란데 나이는 몇이나 되었슈? 내보다는 쪼매 어린 것 같기도 하고.” 하는 이장댁 사모님과 샘가에 앉아 말을 맞추다보니 같은 나이였다.

우리 서로 친구 하자 하고 돌아오는 길. 전봇대에 붙은 스피커에서 송대관의 네 박자 전주곡이 흐르고 구수한 이장님의 목소리가 울려퍼졌다.

“음— 음— 알리것슈. 다름이 아니고 혹시 읍내 나가시는 길이거나, 아니면 고추모종하다가, 담배밭에 가시다가, 모판 보러 가시다가 새 신발 한 짝 보시는 분 있거든 우리 집으로 가지고 와유. 웃동네 이사온 새댁네 강아지가 신발을 어디다 물어다 논 모양여유. 새로 산 신발이래니께

찾아줘야 하지 않겄어유. 걸어댕기실 때 꼭 좀 신경 써서 봐줘유. 부탁해유. 이상 마치겄어유."

그 방송을 들으니 좀 전의 속상하던 마음은 사라지고 넘치는 정에 마음이 따뜻해져서 웃음이 피식 나왔다.

밭에서 일하고 계시던 부지런한 어르신들께선 자전거를 타고 지나가는 나를 보시고는 "속상하것구먼. 찾으면 들고 갈 테니 너무 걱정하지 말어유." 하신다.

에구, 동네 걱정거리 만들어 놓은 듯하다. 죄송해라. 흣.

집으로 돌아오니 누렁이란 놈은 여전히 목에 쇠사슬이 없는 자유를 만끽하면서 이리 뛰고 저리 뛰고 햇살 찾아다니며 배를 내놓고 마당을 뒹굴고……. 자기가 저지른 죄를 도통 모르고 있었다. 누렁이 하는 양을 가만히 바라보다 풀어진 사슬을 다시 묶으며 한마디 했다.

"너 이번 여름에 된장 바른다. 그 구두는 임마, 너보다 훨씬 더 비싼 구두야. 이 쨔슥아! 구두 못 찾으면 너 정말 이번 복날 마을회관으로 델구 가서 된장 바를 거란 말야!"

하지만 누렁이는 꼬리를 흔들며 내 얼굴을 그긴 혀로 쓰윽 핥을 따름이었다.

콩밭 매는 아낙네야

아이들과 줄지어 저수지 바람을 쐬고 오는 길에 잠자리가 원을 그리며 따라붙었다.

몸이 가벼운 아들 녀석은 강아지풀을 꺾어들고 잠자리를 어찌어찌 유혹하더니 냉큼 꼬리를 붙들고 "엄마 선물." 하며 내놓는다. 얄포리한 잠자리 날개 잡다가 우리 날려 보내자 하고 내가 손을 털었더니 잠자리가 머리 위를 건너 논 쪽으로 날아간다.

"에이, 엄마는. 이젠 안 줘."

"이 넓은 길이 다 우리 거다. 저 높은 산이 다 우리 거다. 저 푸른 하늘이 다 우리 거다. 저 맑은 시냇물이 다 우리 거다. 엄마한테 아무것도 안 줘도 엄마는 보고 있을 것이 너무 많네. 너희들도 그렇지? 우리 노래하자."

"잠자리 날아다니다 장다리꽃에 앉았다. 살금…… 살금…… 바둑이가…… 잡다가 놓쳐버렸다. 짖다가 날려버렸다." 아이들이 찾아서 부르는 노래는 맑고 투명하고 재미나고 신난다.

따라 부르는데 동네 아주머니를 만났다. 밭일을 다녀오느라 수건을 머리에 두르시고 흙이 잔뜩 묻은 무거운 신발을 끌고는 손엔 호미자루를 들고 오시다 인사를 하는 내게 "새댁. 내가 이런 말 해도 되나 모르겄네." 불편해 하시며 말을 주저하신다.

"무슨 말씀인지 하세요."

"아무리 품을 살려고 해도 사람이 없어서 구할 수가 없네. 우리 고추밭에 고추 따야 하는데 좀 해주면 안 될까? 안 되겠지? 당체 사람이 없으니 새댁한테까지 내가 부탁을 하는구먼. 이젠 사람도 없으니 농사도 못 짓겄네."

괜한 말을 꺼냈다 싶은지 민망해 하는 아주머니께 "잘은 못하지만 해볼게요. 그냥 빨갛게 익은 고추만 따면 되지요? 한번 해볼게요." 하니 아주머니께서는 내 손을 잡으시고는 "에구. 해줄텨요? 참말이지? 어려운 건 없어유. 그냥 빨간 고추만 따면 돼. 그럼 낼 새벽 여섯시에 동네 둥구나무 아래로 와유." 하신다.

다음날 새벽 다섯 시에 일어나 아이들 밥 해놓고 동구나무 밑에 가서 고추밭 주인아저씨가 몰고 온 경운기를 타고 언덕 너머에 있는 밭으로 갔다.

엉거주춤 허리를 펴지 못하고 좁은 이랑을 오가며 고추 따기를 몇 시간. 허리와 어깨가 녹아내릴 듯 아파오기 시작한다. 주인집에서 얼음을 둥둥 띄운 미싯가루를 타 와서 한 사발씩 돌리는데 그걸 단숨에 마시고 숨을 돌리고 나니 입은 옷은 이미 땀으로 다 젖어들고 있었다.

동네 아주머니들께서는 "아니, 어쩜 저렇게 일을 잘 한댜, 응. 꼭 해본 사람같이. 평생 농사일만 해온 우리보다 더 잘 하잖여. 요즈음 젊은 사람들은 뭐든지 다 잘 한다니께." 듣기 민망한 칭찬을 듬뿍 퍼주셨다.

"새댁. 있지, 내일은 우리 집 일 좀 해주면 안될까. 워째 그렇게 잘 한댜? 참말로 첨 봤네. 저렇게 잘 하는 거. 응? 새댁. 우리 집 일 좀 해줘. 응? 새댁이 이렇게 와서 동네일 해주니까 동네 걱정이 다 없어진 거 같으네. 지금 품을 못 사서 걱정인데 잘 됐네. 알것지. 새댁?"

"네? 네에. 잘은 못하지만 내일 갈게요."

(아. 이건 장난이 아닌데. 내 해본 일 중 제일 힘드네, 세상에 이렇게 힘든 거 처음 보네.)

"아이고. 고마우이. 고마워. 동네에 이렇게 젊은 사람 보내줘서 참말로 고마운 일이라니께." 하며 저마다 부탁하신다.

(아이고. 내가 미치겠구먼. 이렇게 허리 아프고 어깨 결리고 힘이 드는 건지 몰랐네. 평생 농사일을 해온 우리 어머니들은 어떻겠나. 이것 가지고 힘들다고 하면 죄받지. 암만. 죄받고말고.)

다시 일어나 고추를 땄다.

아아, 허리가 끊어진다는 표현 그대로였다. 너무 허리가 아프다. 그래서 시골아주머니들은 허리가 굽었나. 내 허리도 굽으면 어쩌지. 에이 설마. 그래도 혹시? 아닐 거야.

모두 줄 맞춰 나가는데 허리아픔을 도저히 참을 수 없어 밭고랑 사이를 기어나가 아무도 보이지 않는 밭둑 아래에 벌렁 누웠다.

푸른 하늘이 밀려오며 그리운 얼굴이 떠오른다. 어머니……. 어머니…….

누워 있는데 불쑥 얼굴 내미는 사람이 있어 놀

라서 일어나니 "아녀. 누워서 조금 쉬어. 힘들제? 얼마나 힘들겄누. 말은 못하고. 도시 살다 왔으면 생전 농사일 해보기나 했겠나. 우리 같은 무지랭이나 어려서부터 해온 일이니 늙어서도하는 줄 알지." 가겟방 아랫집 사는 아주머니 말씀이다.

"너무 안 하면 주인 눈치 보이니께 자 이제 가서 다시 시작하지." 하시는 아주머니를 뒤따라 고추를 따기 시작했다. 모자를 눌러쓰고 수건을 목에 걸친 사이로 땀이 비 오듯 쏟아진다. 셔츠와 바지는 땀에 젖어 움직일 때마다 휘휘 감기며 달라붙는다.

어느새 점심때가 되어 밥을 먹는데 그야말로 꿀맛이다. 그 자리에서 고추 따서 바지에 쓱쓱 문질러 고추장 찍어 밥과 먹는데 어떤 고추는 숫제 달다.

밭 아래 냇가엔 일요일이라 그런지 시냇가를 찾아 온 도시의 피서객들로 북적거렸다. 좀 쉬었다 하라는 아주머니의 말씀에 밭둑에 앉아 땀을 식히는데 아까부터 이쪽을 줄곧 바라보고 있던 사람이 승용차로 가서 노래를 크게 튼다.

"콩밭 매는 아낙네야. 베적삼이 흠뻑 젖는다아……. 무슨 사연 그리 많아…… 고개마다 눈물 흘리나…….홀어머니 두고…… 시집가던 날."

노래가 울려 퍼지자 아주머니들께서는 손뼉을 치시며 노래가 구수하다고 따라 부르는데 나는 사람 눈길이 닿지 않는 곳을 찾아 하늘을 보고 벌렁 누웠다. 그 노래가 그렇게 슬픈 노래인 줄은 그날 처음 알았다.

소리 내어 울다

실컷 소리 내어 울어본 적이 언제던가. 사실 이 나이 되어 엉엉 소리 내어 후련하게 운다는 것이 내놓고 하기엔 부끄러운 일 아니겠는가. 지난날 시골에 들어가 살게 되었을 때 농사일에 품을 판적이 있었다. 농사일이라니. 아마 나를 아는 사람들은 헛웃음을 놓을 것이다. '김치도 제대로 담지 못하는 네가 일품을 판다고? 헛!'

하루 품값 이만 오천 원. 새벽 여섯 시부터 일 시작해 저녁 여섯 시에 일이 끝나 집으로 돌아오는 농사품일. 그런데 사람은 귀하디귀한 농촌.

"새댁. 이런 말하긴 좀 그렇지만 우리 집 고추 좀 따줄텨? 그냥 따기만 하면 되는데. 사람 구하기가 힘들어 저렇게 잘 익은 고추가 밭에서 다 물러터지고 있는 걸 생각하면 밤에 잠이 다 안 와." 하며 애 태우시는 동네 어른 뵙기가 민망해 얼결에 시작한 일품 팔기는 동네에 고추 잘 따는(?)

새댁이 이사 왔다고 소문이 나 저녁이면 우리 집 앞에 경운기가 멈추기를 하루 몇 차례였다.

이 어리석은 위인이 동네 어른들께서 "아니 워째 저리 잘 한댜. 세상에. 요새 젊은 사람들은 아무거나 잘 혀. 농사일도 안 해봤을 텐데. 참 잘 혀. 이쁘구먼." 하는 소리를 내 등 뒤에서 할 때마다 더 잘 하는 척하느라 허리가 휘는 줄도 모르게 고추를 땄다. 에구야!

일 잘 한다고 소문이 나면서 일품이 밀리기 시작했다. 자연히, 고추 함께 따는 아주머니 짝꿍이 생기면서 가끔 이야기를 나누었다.

아주머니들이 하는 이야기라는 것이 원체 비슷하여 주로 젊은 시절 남편이 속 썩인 것하며 어린 시절 못 먹고 자란 이야기, 일복이 많아 지지리 고생했다는 이야기와 시어머니 시집살이가 대부분이었는데 그중 내 나이 또래로 뵈는 낯선 여자이야기도 빼놓지 않았다. 아주머니들의 이야기에 따르면 그 여자는 남편의 술주정과 폭력을 피해 집을 나와 일터를 전전한다고 했다. 마을회관에서 숙식을 해결하며 알뜰하고 참하게

사는 여자는 외지사람이 들어와 집 짓는 공사장 밥 일을 두 달간 하고서도 건설업자가 어느 날 사라지는 바람에 노임 한 푼 받지 못했다며 인정 많은 아주머니들은 혀를 찼다.

그 이야기를 들은 후로 나는 그 여자를 자주 바라보았다. 얼굴을 넓게 덮은 흐릿한 기미, 늘 꾹 다문 입은 무언가 말하고 싶지 않은 아픈 사연을 담고 있는 듯 보였다. 유난히 흩어짐과 모임에 행동이 빨랐던 것도 식구를 거느리고 있는 우리보다 더 몸과 마음을 조심스럽게 챙기고자 하는 의지로 이해가 됐다.

그날도 점심 새참을 먹고 골마다 세워놓은 고추푸대를 들어 밭주인의 트럭에 올리는데 트럭 옆에 낡은 승용차가 한 대 다가와 섰다. 내 뒤를 따라오던 그 여자가 갑자기 고추푸대를 던지더니 밭고랑을 타고 뛰기 시작했다. 곧이어 승용차에서 내린 키가 작고 뚱뚱한 남자가 나를 밀치고 뒤쫓아가기 시작했다.

모두 무슨 일인가 하고 놀라서 일손을 내려놓고 바라보았다. 이윽고 그 여자의 술주정 남편이라는 확신이 서자 아주머니들은 “저런 나쁜 놈. 그래도 살아보겠다고 애쓰는 처자를 여기까지 쫓아왔나보네. 저걸 어째.” 발을 구르며 뒤따라갔지만 세 번째 고추밭으로 들어서기 전에 그 여자는 남자에게 등덜미를 잡혀 끌려 나오고 있었다.

모두 몰려가 “말로 하지. 손 놓고 말로 하지. 이게 뭐하는 짓이냐.” 달랬지만 남자는 “이 년은 말로 하면 안 되는 년이니까 모두 참견하지 말고 길 비켜요. 다치지 말고.” 큰소리치며 끌려오는 여자를 발로 연신 차댔다. 그 모습을 바라보는 나는 온몸의 피가 모두 빠져 나가는 듯 다리가 휘청거렸고 현기증이 나서 그 자리에 주저앉아 버렸다.

여자는 “도와주세요. 누가 신고 좀 해주세요.” 하고 절박하게 외쳤다. 일을 하러 온 아저씨 몇 분이 그 남자한테 달려들어 여자를 떼어놓고 진정시키는 듯싶었다. 돌아본 그 여자는 공포에 질린 모습이었는데 갑자기 일어나 걷더니 새참 함지박에 담겨져 있는 막걸리를 병째로 들이켰다. 한번도 여자가 술 마시는 것을 본 적이 없었던 아주머니들은 “괜찮아. 진정해. 괜찮을껴. 우리

가 도와줄게.” 안타까워하며 다독였다.

그 남자는 여자에게 사랑한다, 사랑한다 하고 결혼했을 게다. 그리고 상처주기. 자신의 손아귀에 들어왔으니 이젠 내꺼다 하고, 한 사람의 인격체로 존중해가며 아끼고 사랑하는 게 아니라 자신의 열등감과 비뚤어진 판단을 가장 가깝고 만만한 가족에게 잔인하게 쏟아부어왔겠지. 그렇게 상처 주는 사람이 쉽사리 떼치지도 못하는 가족이라는 이름의 사람일 때, 그 여자의 마음이 오죽하랴.

나는 그날 남은 시간 후들거리는 손으로 고추를 따면서 비슷한 고통을 겪었던 지난 시간이 되살아나 나직이 아파하며 소리죽여 울었다.

집으로 돌아오니 몸이 천근만근이었다. 온몸 구석구석 안 쑤시는 데가 없어 몸살이 되게 찾아왔구나 하며 잠을 청했지만 낮의 일이 떠나지 않고 달려들어 땅속으로 몸이 가라앉는 듯 가위 눌려 허덕였다. 처마를 두드리는 소리에 깨어 일어나보니 비가 내리고 있었다. 아아, 잘 됐구나. 오늘 하루 쉬어야지 하는데 경운기가 집 앞에 와 멈춘다. 방문을 채 열기도 전 "새댁, 오늘 고추 따야 돼유. 이제 장마 진다는데 오늘 안 따면 저 고추 밭에서 다 녹아버려서 안 되니까 우비 입고 얼릉 나와유, 새댁." 하는 소리가 먼저 건너온다. 부슬부슬 떨려오는 몸에 한기가 느껴졌지만 아주머니의 몸 달은 소리를 듣고 보니 거절할 수가 없어 우비를 입고 나섰다.

그 집 고추밭은 산중턱에 있는 야산을 개간하여 만든 밭이었다. 꼬불꼬불 올라가는 비탈길에 몇 번이나 뱀이 지나가는 것을 보고 손발이 다 오그라들며 식은땀이 정신없이 흘렀다. 조금씩 내리던 비가 오전 열시 새참을 먹고 나니 거센 빗줄기로 바뀌었다. 우비를 뒤집어쓰고 고추를 따는데 빗줄기가 어깨와 등을 때리기 시작한다. 나중에는 쏟아지는 빗줄기가 몽둥이로 내려치는 듯 어깨를 두들겨댔다. 비는 내리고 있는데 땀이 정말이지 비처럼 쏟아지고 있었다. 온몸에 한기가 느껴지고 어지러워서 잠깐 쉬면서 함께 고추 따는 아주머니들을 바라보니 아무 말 없이 푸대에 고추를 담으며 줄을 맞춰 나가고 있었다. 평

생을 저리 힘든 일을 하고 살면서도 아무 불평 없이 곱고 선한 마음 감사한 마음으로 살아가고 있는데, 그동안 편하게 산 나는 이까짓 것쯤이야 벌로라도 받아야지. 다시 밭이랑에 엎드리는데 내 옆 고랑에서 고추 따던 아주머니가 나를 쳐다보더니 소리를 질렀다.

"아고, 새댁. 얼굴이 하야네. 아니, 얼굴에 흐르는 저게 땀이여, 비여?" 그 소리에 줄 맞추어 고추를 따던 아주머니들께서 일손을 놓고 다가와 "병 났나벼. 며칠 동안 내리 쉬지도 않고 일을 하더니. 아고, 이 열 좀 봐. 집에 가야겠네. 고추 따다가 병났구먼." 하고 걱정들을 하셨다.

밭주인이 경운기로 데려다 주마고 시동을 걸기에 "저 혼자 갈게요. 일하세요. 점심도 챙겨주셔야 하잖아요. 저 혼자 갈 수 있어요." 하고 길을 타고 내려왔다.

소나무 숲이 울창한 곳 여기저기 샛길 따라 내려오며 움직이는 것은 모두 뱀인 듯 생각되어 온몸이 다 오그라들면서 그 자리에 멈춰 서서 떨고는 했다. 빗줄기는 점점 거세지고 내려가도 내려가도 길은 보이지 않았다. 방향감각을 통째로 놓아버린 나는 길을 잃고 헤매고 있었다. 도로는 멀리 보이는데 내려가는 길이 꼬불꼬불 얽혀있어 이곳으로 가다보면 다시 올라가는 길로 이어져 있고. 몸은 점점 불덩이처럼 뜨거워지며 한기가 느껴져 아래윗이빨이 닥닥거리며 맞부딪치기 시작했다.

비에 젖어 질척한 흙이 달라붙어 신발은 무거워지고……. 무심코 주머니에 손을 넣었는데 내려올 때 주인이 넣어준 봉투가 손에 잡히어 꺼내어 보니 봉투 속에 이만 오천 원이 들어 있었다.

그 돈을 꺼내어 보고 다시 넣었는데, 그 다음부터 눈물이 나오는 거다. 빗소리는 요란한데 빗소리에 질세라 소리 내어 엉엉 울기 시작했다. 어렸을 적 나를 두고 엄마가 혼자 외갓집 갔을 때 골목 입구에 앉아 울었던 것처럼 소리 내어 엉엉엉 서러워 울면서 길을 찾아다녔다. 이놈의 길이 도대체 어디간겨, 나쁜 놈의 길, 하고 엉엉 울었다. 내 그처럼 소리 내서 크게 울어본 적이 언제였던가 싶었다.

울음에 지치고 나니 그때서야 길이 보였다. 멀

리 보이는 국도를 건너가면 우리 동넨데……….

내 그처럼 크게 소리 내어 울어볼 날이 또 있을까.

지금 생각하니 참 시원한 울음이었다.

바보상회 보리밥

서울서 찾아온 친구와 점심 먹을 곳을 찾다가 "보리밥 먹어볼래? 아주 맛있게 하는 데가 있는데." 하며 찾아간 바보식당.

술 익는 냄새가 그리 유쾌하지 않은 좁은 길을 비틀거리며 걸어 나오는 취객을 비켜 유리문이 반쯤 열려 있는 식당 안으로 들어갔다. 네 평 남짓한 비좁은 식당에는 방 한 칸과 주방이 있고 홀에는 여남은 명의 노인분들께서 붙어앉아 식사를 하시는 길다란 탁자 두 개가 놓여 있었다. 우리를 본 주인아주머니께서는 방안으로 들어가라고 손짓을 하신다.

방문을 열자 할머니 여섯 분이 둥근 호마이카 상 하나를 가운데 놓고 앉아 식사를 하고 계셨다. 주춤거리는 친구의 손을 끌어올려 방으로 들어서자 할머니들께서는 자리를 좁혀 앉으시며 "어여 이리 들어와 앉어유. 춥지? 꽃샘바람이 더 추운겨. 젊은 사람들이 여길 다 왔네.” 하며 반겨주신다.

반찬은 시래기국 하나에 무 생채 한 접시다. 식사하시던 할머니들께서는 자리를 좁혀 앉으며 전기밥통을 열어 큰 대접에 보리밥을 하나 가득 손수 떠주신다. 친구의 손에 수저까지 쥐어주신다.

“어여 많이들 먹어요. 먹고 또 먹어도 되여. 이 참기름 떠놓고 생채 놓고 씨레기 건져 비벼먹으면 아주 맛나니께. 먹어들 어여.”

밥상에 붙어 앉지 못하는 친구의 귀에 대고 “놀라지 마. 이게 시골인심이야. 어디서 이런 것 먹어보겠니. 보리밥 먹고 싶다고 했지. 여기 씨래기 된장찌개 놓고 비벼봐. 고추장도 넣고 참기름도 한 숟갈 떠넣고. 골고루 비벼봐. 맛있어.” 하니 옆에 계신 할머니께서 “골고루 비비면 맛이 있간디? 썩썩 비벼야 맛있는겨.” 하신다. 할머니의 말씀에 정신없이 웃는 친구와 할머니들께서 양념으로 던지는 말씀들이 감칠맛을 더하며 보리밥이 술술 넘어가는데 주인아주머니께서 구수한 보리 숭늉 한 사발을 쟁반에 담아 내놓는다.

그러고 보니 오늘이 읍내의 오일장이다. 식사를 하시는 짧은 시간에 할머니들은 서로 질세라 자식자랑에 바쁘다. 남루한 옷차림의 할머니들은 모두 장거리에서 행상을 하시는 분들이다.

"이거 봐. 내가 자식을 잘못 두어서 이 고생을 하는 게 아니란 말여. 내 자식들은 한결같이 이제 장거리행상을 그만하라 하지만 사지육신이 멀쩡한데 뭐 하러 자식에게 짐이 되느냔 말여. 안 그려, 새댁?"

말씀은 그렇게 해도 부모님의 사정을 살피지 않는 자식이 있어 나서는 분이 있다는 것을 모두들 알고 있지만 "그럼 그럼. 그렇고 말고." 한다.

"아이고, 다리야." 하고 당신도 모르는 사이에 앓는 소리가 절로 나오지만 굳이 당신 몸은 건강하다고 강조한다. 내 자식은 잘 산다고 힘주어 말하지만 시들한 반응이 서운해 자꾸만 내 자식은 잘 산다고 처음 보는 내 친구를 붙들고 다짐하듯 말씀하시는 할머니. 대답 하다 말고 슬쩍 내 무릎을 비트는 것을 보니 친구는 마음이 아픈가 보다.

슬그머니 빠져나온 방의 문을 닫고 계산을 했다. 만 원짜리 지폐를 한 장을 내놓으며 "아줌마. 방에 계신 할머니들 밥값 같이 계산해주세요. 그리고 남는 돈으로는 막걸리 한 되 방에 넣어 드리세요." 하니 친구의 눈이 동그래진다.

"방안에 계신 분이 여섯 분인데 만원으로 어떻게 밥값을 계산하니? 우리 둘이 먹은 건 또 어쩌구? 잘못 계산한 것 아니니?"

"잘못 계산한 거 아니야. 방금 우리가 먹은 보리밥이 한 그릇에 천 원이야. 그런데 되게 맛있지. 십년 전이나 지금이나 똑같대. 먹고 싶은 만큼 먹어도 되는 것도 여전하고. 그렇다고 주인아주머니 형편이 넉넉한 것도 아닌데 언제나 천 원이야. 그런데 희한한 게 말이지, 옛사람들만 찾아가고 젊은 사람들은 그 집을 안 간다는 거야. 이렇게 싸고 맛있는데 말이지."

친구를 돌아보니 놀란 표정이다.

"왜 놀랬어? 너무 싸고 맛있어서? 천 원이라?" 하는데 친구는 생각이 많은 듯 천천히 말을 이었다. "먹고 싶은 만큼 얼마든지 먹게 밥솥까지 방

안으로 들여놓고……. 그 맛있는 보리밥을 천 원을 받다니……. 그 좁은 식당을 할아버지 할머니 나누어서 식사하게 해놓은 방하며……. 놀라워. 더 놀라운 것은 호마이카상 판이 반쯤 떨어져나가 속에 있는 합판이 다 드러나 있다는 거야. 마치 어린 시절 장거리에 아버지 손을 잡고 따라와 옛날식당에 앉아 있다 나온 것 같다……."

"그래? 나도 처음에 이 식당에 왔을 때 그런 생각 했어. 그런데 그 식당 이름이 뭔지 아니?

"뭔데?"

"바보상회. 그 식당 이름은 바보상회다. 참 바보 같지? 그런데 말이지. 난 바보 같다는 말이 왜 좋은지 몰라…….욕심도 없고 크게 마음 쓸 일도 없고 참 편할 것 같고 그래. 그 주인아줌마처럼. 그래서 이름도 그렇게 지었는지도 몰라."

"바보상회라……." 친구는 따라서 되뇌었다.

(다음엔 더 바보 같은 데 데리고 갈게. 아직 커피 값이 칠백 원 하는 두 고개 너머 칠복다방에…….)

▪ 재 너머 칠복다방

재 너머 서른 가구 남짓 될 듯한 동네에 있는 칠복다방 간판은 아주 재미있다. 먼지 쌓인 담벼락 위에 빨간 페인트로 '칠복다방' 이렇게 써놓아 그곳이 다방인 줄 안다.

고개를 숙이고 들어가야 할 만큼 낮은 출입문을 들어서면 대낮인데도 유리창이 없어 깜깜하고 검정테이블 여섯 개를 둘러싸고 한가운데에 연탄난로가 놓여 있다. 그 위에 올려진 양은 주전자에서는 보리차가 펄펄 끓고 오래된 카세트 라디오에서는 현철의 〈봉선화연정〉이 툭툭 터져 흐른다.

테이블에 앉아 신문지를 펴놓고 봄날 밭에 뿌릴 씨를 가려내다가 반색을 하고 맞아주시는 주인아주머니는 입에 댈 수 없을 만큼 뜨거운 보리차를 한 잔씩 내오고 주문한 커피를 가지고 오신다. 그리고는 "고구마 좀 드릴까? 아주 폭신폭신하고 맛있는 밤고구마인데 하나씩 잡숴보셔." 하며 계절 따라 이것저것 먹거리를 쟁반에 담아내온다.

“아줌마, 참 맛있어요.” 하고 감사의 말을 전하면 얼른 “더 드릴까? 더 있는데.” 하는 대답이 돌아온다. “됐어요. 아줌마. 커피 값 싸게 받고 고구마 주고 그러면 남는 거 하나두 없으시잖아요.” 하고 걱정하면 “에구. 뭔 소리 하는겨. 물 팔아서 돈을 어찌 벌어유. 잘못된 거지. 그냥 이렇게 사람구경하면서 사는 거지. 돈은 무슨.” 하고는 손을 내젓는다.

몇 가구 되지 않는 동네 사람들이 수시로 드나들면서 “아이. 노래 좋구먼. 오늘은 누가 왔다 갔남?” 하면서 뒷짐 지고 놀러오는 곳도 칠복다방이다. 환한 조명은 없지만, 스무 살 레지 아가씨도 없지만, 그 흔한 수족관도 없지만 차 끓여내는 솜씨가 좋아 한번 마신 차 맛을 잊지 못해 찾아오는 곳이 칠복다방이다. 동네사람들이 밭으로 논으로 일 나갔을 때 빈집 찾아온 우체부 아저씨 대신 맞는 것도 칠복다방이다. 재 너머에 차 마시러 찾아올 손님이 몇이나 된다고 오늘도 다방 문을 열어놓고 환갑 넘은 마담 언니가 유유자적

시간을 낚는 곳이 칠복다방이다. 뜨거운 물 마시다 꿀꺽 삼키면 입천장 벗겨지지만 그 보리차물 때문에 다시 찾아오는 곳도 칠복다방이다.

칠복다방의 커피 값은 칠백 원이다. 그 칠백 원짜리 커피에 겨울엔 고구마가 딸려 나오고 여름엔 옥수수가 딸려 나오고 비 오는 날엔 부침개가 딸려 나온다. 그래도 어찌되었건 칠복다방의 커피 값은 칠백 원이다. 커피 값을 건넬 때마다 아주머니는 사뭇 미안해하는 표정을 짓고 받는다. 그냥 줘도 되는데 칠백 원을 받아서 미안하다는 듯한…….

칠복다방의 마담 언니는 '베리 굿'이다.

나는 자꾸만 살고 싶다 [큰글자도서]

발행일 : 2009년 4월 20일
지은이 : 안효숙
발행처 : (주)도서출판점자
발행인 : 김동복
출판등록일 : 2009년 2월 17일
등록번호 : 제 25100-2009-5호
주 소 : 서울시 성동구 아차산로 17길 48, SKV1센터 1동 420호
전 화 : 02-3426-7500
팩 스 : 02-3426-7502
E-mail : book7500@naver.com
홈페이지 : www.kbraille.net
ISBN 978-89-93793-02-4 03040

잘못된 책은 바꾸어 드립니다.
값은 뒤표지에 있습니다.